SUSANNE HÜHN

Heile die Wunden deiner Kindheit

Traumatische Kindheitserfahrungen und toxische Erziehung überwinden

INHALT

Einleitung 4

1. Toxische Verhaltensmuster erkennen und verstehen 14

Die Prägungen der Kindheit 15

Vier Rucksack-Varianten 27

2. Das Bedürfnis des inneren Kindes nach Sicherheit ist unantastbar 42

Die emotionalen Versprechen des inneren Kindes 43

Der schwere Rucksack des Kindes depressiver Eltern 48

Der schwere Rucksack des Kindes narzisstischer Eltern . . . 58

Der schwere Rucksack des Kindes co-narzisstischer Eltern 67

Der schwere Rucksack des Kindes süchtiger Eltern 77

In den Gestaltungsmodus wechseln 89

3. Der Rucksack Ihrer Kindheit ... 91

Den Inhalt des Rucksacks sichten ... 92

Unser Verhalten als Spiegel der Gefühle ... 115

Emotionale Sicherheit als Schlüssel zur Heilung der Gefühle ... 127

4. Der schwere Rucksack wird leicht ... 150

Die schweren Steine loswerden ... 151

Eine liebevolle Beziehung zum inneren Kind ... 165

Zum Schluss – der leichte Rucksack ... 185

Zum Nachschlagen

Buchempfehlungen ... 191

Impressum ... 192

Einleitung

Glückliche Beziehungen halten uns gesund, das ist wissenschaftlich belegt. Sie reduzieren Stress und stärken unser Immunsystem. Nahezu jeder Mensch sehnt sich nach erfüllenden Beziehungen mit anderen Menschen. Ob es sich um Liebesbeziehungen, Arbeitsverhältnisse, Freundschaften oder um familiäre Bindungen handelt: Wenn wir freundlich und respektvoll miteinander umgehen, geht es uns besser. Wir sind glücklicher, stabiler und psychisch ausgeglichener. Wir können unser Leben viel besser meistern, wenn wir Teil eines gesunden sozialen Netzwerkes sind. Als die sozialen Wesen, die wir sind, brauchen wir ein harmonisches Gleichgewicht aus Geben und Nehmen. Wir wollen für andere Menschen da sein und uns gebraucht fühlen. Gleichzeitig wollen wir fühlen, dass wir nicht allein sind, wenn wir selbst Unterstützung, Gesellschaft und Zuspruch benötigen. Privat wie beruflich sehnen wir uns nach einer Gemeinschaft, in der wir sein dürfen, wer wir sind, und mit unseren Fähigkeiten und Talenten angenommen und wertgeschätzt werden. Umarmungen können heilen, ein liebes Wort kann Leben retten. Gesunde Beziehungen zu anderen Lebewesen, sei es Mensch oder Tier, sind machtvoller, als wir glauben.

Es gibt fünf einfache Punkte, an denen man eine gesunde Beziehung erkennt:

1. Beide nehmen die verbalen Kontaktangebote des anderen an, statt sich gegenseitig zu ignorieren. Das gilt auch für elektronische Kontaktaufnahme wie SMS oder WhatsApp. Ein freundliches »Gerade passt es nicht« ist sehr viel besser als eine unwirsche Handbewegung.

2. Beide erschaffen bewusst eine wertschätzende und fürsorgliche Umgebung, indem sie sich gegenseitig Gutes tun, statt sich bedienen zu lassen oder sich nur um sich selbst zu kümmern.
3. Beide suchen bewusst nach den positiven Seiten des anderen, gehen auch bei Ärgernissen von der besten aller Möglichkeiten aus und sind dankbar für ihren Partner, statt sich gegenseitig niederzumachen und dem anderen die negativsten Absichten zu unterstellen.
4. Beide begegnen sich auf Augenhöhe, respektieren sich gegenseitig und freuen sich am Erfolg und der Lebendigkeit des anderen.
5. Beide übernehmen selbst die Verantwortung für ihr Wohlbefinden und sind gleichzeitig um das Wohl des anderen bemüht, statt entweder nur für den anderen da zu sein oder sich nur um die eigenen Belange zu scheren.

Diese fünf Punkte kann man mit einem Satz zusammenfassen: Praktizieren Sie Güte. Seien Sie also wohlwollend, auf gesunde Weise nachsichtig und freundlich. Schön wär's, denken Sie jetzt vielleicht, oder: Das ist leicht gesagt. Doch Sie spüren vielleicht auch, dass es stimmt.

Gleichermaßen machtvoll sind ungesunde Beziehungen. Wir werden emotional geradezu vergiftet, wenn wir uns ständig rechtfertigen, anpassen, wenn wir Geringschätzung erfahren oder wenn wir nicht so geliebt werden, wie wir wirklich sind, und uns deshalb immer wieder verbiegen müssen. Daher nennen wir ungesunde Beziehungen »toxisch«. Das vergebliche Werben und Kämpfen um Liebe, um Aufmerksamkeit, um Respekt und darum, wenigstens gehört, wenn schon nicht respektiert zu werden, schädigt uns weitaus mehr, als es uns bewusst ist.

In diesem Buch werden wir uns besonders intensiv mit ungesunden Beziehungsmustern beschäftigen, die aufgrund einer narzisstischen Umgebung entstanden sind oder entstehen. Wir erkennen, was Narzissmus in uns anrichtet und wie sich der daraus resultierende Co-Narzissmus in unseren Beziehungsmustern zeigt. Außerdem beleuchten wir süchtige Beziehungsmuster, Co-Abhängigkeit sowie die Folgen von Depressionen eines nahen Angehörigen.

Die gute Nachricht ist: Es gibt immer die Möglichkeit, ungesunde Beziehungen zu verbessern oder, wenn es gar nicht anders geht, zu verlassen. Dazu brauchen wir nur eines zu lernen: uns selbst so zu lieben, wie wir es uns von anderen wünschen. Können wir das, dann sind wir emotional unabhängig von der Liebe anderer und können wählen, welche Menschen und Beziehungen uns guttun und welche nicht. Das klingt einfach, und das ist es auch. Doch »einfach« bedeutet nicht automatisch »leicht«.

Wir können anderen gegenüber nur gütig sein, wenn wir es uns selbst gegenüber sind.

Damit wir uns selbst so lieben können, wie wir uns das von anderen wünschen, brauchen wir etwas sehr Wichtiges: Das Wissen darum, wie es sich anfühlt, wirklich geliebt, wertgeschätzt und gut behandelt zu werden.

Genau diese Erfahrung fehlt uns offensichtlich, sonst müssten wir uns nicht auf ungesunde, unerfüllte und unbefriedigende Beziehungen einlassen, ob privat oder beruflich. Warum ist das so? Warum kennen manche Menschen das Gefühl, geliebt zu werden, und andere nicht? Warum hat das Leben ausgerechnet uns so schlechte Karten gegeben? Das ist doch ungerecht, könnte man meinen.

DAS LEBEN TEILT DIE KARTEN AUS

Es scheint, als hätten wir keine Chance zu gewinnen. Das Kartenblatt, welches uns das Leben zugewiesen hat, enthält anscheinend keine oder viel zu wenig Herzkarten. Doch das täuscht.

Wir alle haben ein Ass im Ärmel oder, besser gesagt, wir alle tragen eine ganz besondere Karte versteckt bei uns: das Herzass der Güte. Es wird uns bei unserer Geburt in die Wiege gelegt und gehört zur emotionalen Grundausstattung. Warum ist es versteckt? Weil wir durch unsere Erziehung im Laufe der Zeit noch sehr viele andere Karten erhalten haben. Alle Menschen, mit denen wir als Kinder zu tun hatten, haben uns ihre Sicht auf das Leben und ihre Art, Herausforderungen zu begegnen, zum Geschenk gemacht. Manches davon ist nützlich, vieles nicht. Einiges wiegt so schwer, dass es uns ernstlich belastet.

Bleiben wir noch einen Moment beim Bild des Kartenspiels: Das Herzass der Güte und damit auch der Selbstliebe ist im Spiel des Lebens immer der höchste Trumpf. Weil aber sehr viele Generationen die Erfahrung gemacht haben, dass das Herzass im Leben nicht viel zu zählen scheint, haben sie es abgewertet. Kriege, der Kampf ums pure Überleben, Machtmissbrauch, Willkür, Krankheit, Schicksalsschläge – alles, was uns verletzt und traumatisiert hat, hat immer wieder Kreuzkarten (jeder hat sein Kreuz zu tragen …) auf den Tisch geworfen. Pik, auch als Schippe bezeichnet, hat ebenfalls überhandgenommen: Das Schicksal legt immer noch eine Schippe drauf, sagen wir, wenn es uns schlecht geht. Schwarze Karten scheinen stärker zu sein als das rote Herzass, und wir kommen uns ein bisschen naiv vor, wenn wir von Güte sprechen, statt auf dem Boden der Tatsachen zu bleiben. »Güte« ist etwas für Romantiker und »Selbstliebe« etwas für Träumer oder für Egoisten, haben wir gelernt. Und so verstecken wir unseren höchsten Trumpf schamhaft, statt ihn auszuspielen. Wir verstecken ihn so gut, dass wir vergessen, dass wir ihn haben. Statt Herzkarten reichen wir in Beziehungen Karokarten über den Tisch. Das Karo sieht zumindest farblich aus wie ein Herz, es hat aber überall spitze Ecken. Um gesunde und für alle Beteiligten erfüllende Beziehungen und Freundschaften zu führen, müssen wir uns jedoch gegenseitig die Herzkarten der Güte zuspielen, anders geht es nicht.

Schon in der Kindheit haben wir womöglich Karokarten erhalten, an denen wir uns stachen, statt runde Herzkarten. Zudem mussten wir mit jeder Karte, die wir bekamen, auch Kreuz oder Pik mit aufnehmen. Was damit gemeint ist, darüber reden wir später. Jetzt haben wir einen riesigen Stapel vor uns liegen und können unsere Herzkarten nicht mehr finden. Kein Wunder, dass wir glauben, einer »normalen« Beziehung läge der Kampf um Liebe statt die Liebe selbst zugrunde, oder?

DIE WUNDEN UNSERER KINDHEIT VERURSACHEN EMOTIONALE LASTEN

Diese Karten und was wir sonst noch in unserer Kindheit an Verhaltensmustern und Glaubenssätzen mitbekommen haben, sind emotionaler Ballast, den wir mit uns herumschleppen. Damit wir sie uns besser vorstellen und damit arbeiten können, erschaffen wir in Gedanken einen Rucksack. Wir nennen ihn den »Rucksack unserer Kindheit«. Mit diesem Bild werden die emotionalen Lasten, die wir vielleicht tatsächlich auf unseren Schultern spüren, sichtbar.

Emotionale Lasten sind körperlich spürbar. Wie ein schwerer Rucksack drücken sie auf unsere Schultern.

Das Ziel dieses Buches ist es, aus dem schweren, vollgepackten Rucksack auf unserem Rücken einen leichten Rucksack werden zu lassen, in dem wir nur noch unsere wertvollen Herzkarten und die wichtigsten Erkenntnisse, die uns auf unserem Lebensweg helfen, mit uns führen. Dieser leichte Rucksack ist übersichtlich gepackt und einfach zu handhaben, sodass wir jederzeit mühelos auf seinen positiven Inhalt zugreifen können.

In dem vollgepackten Rucksack befindet sich auch das Herzass der Güte, das uns zeigt, wie man sich selbst liebt. Das »Herzass« ist ein inneres Bild, wir können es in uns finden.

DIE TOOLS, DIE IHNEN DAS BUCH ANBIETET

Wir brauchen unsere Vorstellungskraft, aber auch noch einige andere Hilfsmittel, um uns selbst näherzukommen und um zu lernen, positive Beziehungen zu führen.

Innere Bilder

Bilder berühren das Unbewusste in uns und helfen uns, unseren Gefühlen und dem, was wir wirklich wollen und brauchen, näherzukommen. Das Bild des Herzasses und des Rucksacks, den Sie auf Ihrem Rücken tragen, haben wir bereits beschrieben. Der Rucksack mitsamt seinem Inhalt steht zunächst für alles, was Sie in Ihrer Kindheit über Beziehungen und Bindungen zu sich selbst und zu anderen Menschen gelernt haben, Positives wie weniger Hilfreiches.

Unterschiedliche innere Anteile

Wir gehen davon aus, dass es in jedem Menschen verschiedene innere Anteile gibt, die unterschiedliche Bedürfnisse haben und sich in verschiedenen Teilen des Gehirns widerspiegeln. Wir unterscheiden in diesem Buch zwischen dem sogenannten inneren Kind, das dem limbischen System, dem Emotionalhirn, zugeordnet ist, und dem inneren Erwachsenen, der vernünftig, bewusst und abstrakt denken kann und seinen Ursprung im präfrontalen Cortex, in der Großhirnrinde, hat. Diese verschiedenen inneren Anteile mit ihren unterschiedlichen Bedürfnissen und Fähigkeiten zu erkennen hilft uns dabei, uns selbst besser zu verstehen und uns nahezukommen.

Das innere Kind ist dem limbischen System zugeordnet, genauer gesagt der Amygdala, die ein Teil davon ist.

Innere Reisen

Die inneren Bilder und die unterschiedlichen inneren Anteile werden Sie in geführten inneren Reisen kennenlernen und erleben. Während der inneren Reisen interagieren die unterschiedlichen Anteile miteinander und Sie lernen sich selbst besser kennen. Wie ein Beobachter können Sie Ihren inneren Anteilen zuhören und zusehen und Sie lernen, in Kontakt mit ihnen zu kommen und mit ihnen zu kommunizieren.

Der bewusste innere Dialog

Wir reden ständig mit uns selbst, wenn auch meist unbewusst. Das ist ganz normal, fast jeder tut das. Wir diskutieren innerlich mit uns selbst und mit anderen, wir machen uns selbst Angst oder wir versuchen, uns zu beruhigen. Innere Anteile mit verschiedenen Meinungen, Stimmen und Gefühlen liefern sich Wortgefechte und rauben uns den Schlaf. Mithilfe des bewussten inneren Dialoges hören wir diesen einzelnen inneren Anteilen zu, verstehen, was sie brauchen, und können auf diese Weise gesunde und vernünftige Entscheidungen für unser Leben treffen.

Die Arbeit mit dem leeren Stuhl

Damit Sie lernen, bewusst mit Ihren inneren Anteilen zu kommunizieren, statt unbewusst im inneren Dialog zu sein, stelle ich

Ihnen eine einfache Technik vor, die sich durch das ganze Buch hindurchzieht: die Arbeit mit dem leeren Stuhl. Dabei stellen Sie zwei Stühle einander gegenüber. Sie setzen sich auf den einen Stuhl und stellen sich vor, der Mensch oder der innere Anteil, mit dem Sie reden wollen, sitzt Ihnen gegenüber. Nun sagen Sie alles, was Sie dem Gegenüber sagen möchten. Danach setzen Sie sich auf den Stuhl des gedachten Gegenübers und sprechen aus, was es zu Ihnen sagen möchte. Sie werden erstaunt sein, wie gut Sie fühlen können, was das Gegenüber, sei es ein anderer Mensch oder ein innerer Anteil, zu sagen hat!

DIE TOOLS, DIE SIE SCHON BESITZEN

Damit wir gemeinsam den Rucksack, den Sie mit sich herumschleppen und der Ihnen das Leben schwer macht, auspacken können, um das Herzass zu finden, braucht es neben den beschriebenen Tools auch von Ihnen etwas. Es sind Fähigkeiten und Ressourcen, die Sie bereits besitzen und die Sie bestimmt anderen Menschen oft, manchmal zu oft, zugutekommen lassen. Jetzt ändern wir die Zielgruppe: Sie wenden diese Fähigkeiten nicht bei anderen an, sondern bei sich selbst!

Geduld

Es hat einige Zeit gedauert, bis Sie zu dem Menschen geworden sind, der Sie heute sind. Wenn wir unser Verhalten und damit unser Fühlen ändern wollen, brauchen wir Geduld mit uns selbst, denn die alten Verhaltensweisen sitzen sehr tief.

Die Bereitschaft zum Mitgefühl

Sie sind verletzt und tragen schwer an den Wunden Ihrer Kindheit. Sie selbst, nicht die anderen. Mitfühlend mit sich selbst zu sein, haben Sie vermutlich nie gelernt. Doch genauso wie jeder andere sind auch Sie ein empfindsames Geschöpf, das den Wunsch nach Liebe hat. Unerfüllte emotionale Bedürfnisse sind wie emotionale Wunden, und damit eine solche Wunde heilen kann, braucht es vor allem eines: Mitgefühl. Statt dies bei anderen zu suchen, lernen wir, es uns selbst gegenüber zu empfinden.

Zeit!

Vielleicht sollten wir lieber sagen: die Bereitschaft, sich Zeit zu nehmen. Es mag ungewohnt sein, doch nehmen Sie sich bitte Zeit für sich selbst: um die Übungen durchzuführen, sie nachzufühlen und aufzuschreiben, was Ihnen wichtig erscheint. Damit die Übungen nachhaltig wirken können, brauchen Sie ein wenig Freiraum, in dem Sie, bildlich gesehen, die Seele baumeln lassen können. Für Ihre Freundin könnten Sie bestimmt sofort eine halbe Stunde aufbringen, wenn sie um Hilfe riefe – jetzt sind Sie an der Reihe. Denn auch wenn es Ihnen womöglich nicht bewusst ist: Es ruft in Ihnen um Hilfe. Sonst hätten Sie erst gar nicht so weit gelesen.

Sie dürfen die Fürsorge und Zeit, die Sie anderen so bereitwillig schenken, auch für sich selbst verwenden.

Die Bereitschaft, sich selbst zu glauben

»Das ist doch Spinnerei«, »Das bildest du dir nur ein« – solche und ähnliche Sprüche kennen Sie sicher. Doch damit wir mit inneren Bildern und inneren Botschaften arbeiten können, müssen wir bereit sein, das, was wir wahrnehmen, auch wirklich für »wahr« zu nehmen. Sich selbst zu glauben, was man fühlt, ist ein wichtiges Werkzeug, das trainiert werden kann und muss. Seien Sie einfach nur bereit, auszuprobieren, sich zu glauben. Mehr braucht es im Moment gar nicht.

Die Bereitschaft zur Ehrlichkeit

Wir sind Meister darin, uns selbst etwas vorzumachen. Leider macht uns Selbstbetrug handlungsunfähig. Auch wenn es verständlich ist, sich schmerzliche Erfahrungen schönzureden, so ist diese Angewohnheit doch wenig hilfreich, wenn wir unser Leben selbst gestalten wollen. Sie kennen sicher den Satz »Lieber ein Ende mit Schrecken als ein Schrecken ohne Ende«. Damit wir ein ungünstiges Verhalten verändern können, brauchen wir die Bereitschaft, uns genau anzuschauen, was wir tun, warum wir es tun und was wir dadurch verhindern wollen. Es lohnt sich, ehrlich zu sich selbst zu sein, auch wenn es zunächst schmerzhaft ist.

DIE HERZKARTEN AUSSPIELEN

Jetzt wissen Sie, was Sie in diesem Buch erwartet. Wir werden uns ganz genau anschauen, was es mit dem oben erwähnten schweren Rucksack voller Spielkarten und anderem Zeug auf sich hat, wie und warum Sie all diese Karten erhalten haben, wie sie sich in Ihrem Leben auswirken und wie Sie sie loswerden können. Sie werden erkennen, dass Sie genügend Herzkarten mit sich tragen und dass Sie es selbst in der Hand haben, Ihre Beziehungen erfüllend zu gestalten. Sie werden erfahren, wie Sie liebevoll mit sich selbst umgehen, und Sie werden erleben, wie frei man sich fühlt, wenn man unbeschwert die Herzkarten spielen kann.

Weil wir es so sehr gewohnt sind, in Beziehungen die zwar roten, doch scharfkantigen Karos statt die Herzen weiterzureichen, widmen wir uns als Erstes der Frage, woran wir diese erkennen.

I. Toxische Verhaltensmuster erkennen und verstehen

Wir haben ein Gefühl für das,
was uns in Beziehungen guttut und was nicht.
Es lohnt sich, dieses Gefühl zu stärken
und zu lernen, ihm zu vertrauen.

Die Prägungen der Kindheit

Das Gefühl dafür, was gesund ist und was nicht, tragen wir als »emotionale Blaupause«, als gedachtes Herzass, in uns. Wir spüren es, wenn uns eine Beziehung nicht guttut. Doch wenn wir uns selbst und unserer warnenden inneren Stimme nicht trauen, sollten wir nach äußeren Anzeichen Ausschau halten.

TOXISCHE BEZIEHUNGEN ERKENNEN

Es gibt einige typische Kennzeichen für toxische Beziehungen:

- Wir haben das Gefühl, uns rechtfertigen zu müssen, wenn wir anderer Meinung sind als unser Gegenüber. Manchmal glauben wir uns selbst nicht mehr.
- Wir denken viel darüber nach, wie wir unser Gegenüber besänftigen oder wie wir ihm stärker gegenübertreten können.
- Wir stellen keine gerechtfertigten Forderungen an den anderen, weil wir Angst vor seiner Reaktion haben. Wir lassen uns stattdessen ausnutzen.
- Wir fühlen uns in der Gegenwart unseres Gegenübers kleiner und schwächer als sonst und wissen nicht, woher das kommt. Wir erhöhen den anderen und sind von ihm fasziniert, ohne dass er uns einen Anlass dafür gibt.
- Wir lassen uns manipulieren und zu Aussagen oder Handlungen treiben, die uns nicht entsprechen und mit denen wir uns nicht wohlfühlen. Wir entfremden uns von uns selbst.
- Wir können nicht Nein sagen und wir beschwichtigen uns selbst, um unseren Ärger darüber in Schach zu halten.

Wenn Sie sich in einem oder mehreren dieser Punkte wiederfinden, ist die Wahrscheinlichkeit sehr groß, dass sich ungesunde – toxische – Elemente in Ihre Beziehung eingeschlichen haben.

Vielleicht fragen Sie sich, wie das passieren konnte. Die Antwort ist ganz einfach: Wenn wir als Erwachsene in einer toxischen Beziehung leben, dann ist das so, weil wir es nicht anders kennen. Gesunde Beziehungen zu führen muss man lernen, obwohl das Wissen darum, wie sich eine gesunde Beziehung anfühlen sollte, angeboren ist. Wir spüren es, wenn etwas nicht stimmt. Sogar Tiere sozialisieren sich untereinander. Wenn zum Beispiel ein Pferd nicht in seiner Herde aufwächst, sondern nur mit Menschen zu tun hat, kann es bissig werden, statt sich friedfertig und auf positive Weise herdenkonform zu verhalten.

Das instinktive Wissen darum, wie eine gesunde Beziehung aussieht und wie sie sich anfühlt, ist angeboren. Wir müssen unsere emotionalen Wunden heilen und wieder lernen, uns selbst und unserem Gefühl zu vertrauen.

Das Bedürfnis nach gesunden Beziehungen ist in uns angelegt, doch wie man diese führt, zeigt einem die »Herde« oder das »Rudel«, also die Familie. Wir wiederholen in unserem Erwachsenenleben das, was wir als Kinder gelernt haben, ob wir das wollen oder nicht. Denn als Kinder waren wir bedürftig und abhängig. Wir mussten uns den emotionalen Familienstrukturen anpassen, damit wir versorgt wurden und überleben konnten.

UNSERE FRÜHKINDLICHE SOZIALISATION BESTIMMT UNSER DENKEN, FÜHLEN UND HANDELN

Als Kinder sind wir davon abhängig, dass es zumindest einen Menschen gibt, der uns mit dem versorgt, was wir brauchen: Sicherheit, Nahrung, positive Bestätigung, ein warmes Bettchen,

Ruhe, Geborgenheit und so weiter. Uns ist oft nicht klar, wie sehr wir davon abhängig sind und wie verletzlich uns das macht. Wir sterben, wenn wir nicht versorgt werden. Das Baby oder Kleinkind weiß das und tut alles, was ihm möglich ist, um die Beziehung mit dem Menschen, der es versorgt, sicherzustellen. Es braucht ihn ja.

Wir kommen aus der innigsten Beziehung, die man mit einem Menschen nur haben kann, aus dem Bauch der Mutter. Schon als Embryo haben wir uns darauf verlassen, dass wir bekommen, was wir brauchen, ohne dass wir etwas dafür tun müssen – denn wir konnten ja noch gar nichts dafür tun! Mit dieser Erfahrung und diesem Vertrauen werden wir geboren. Wir erwarten zu Recht, dass es so weitergeht. Dass wir sein dürfen, wer wir sind, und versorgt werden, einfach weil wir da sind.

Wie groß ist der Schock, wenn wir erleben, dass es nicht immer so einfach ist. Unsere Eltern waren, bei aller Liebe, nicht immer die bedingungslos liebenden Versorger, die wir uns so sehr gewünscht hätten. Das konnten sie auch gar nicht sein, brachten sie doch die Erfahrungen inklusive der ungeheilten Wunden ihrer eigenen Kindheit mit sich. Auch sie konnten nur weitergeben, was sie selbst gelernt haben, ebenso wie ihre Eltern, unsere Großeltern. Das bedeutet: Unsere Großeltern haben einen Krieg erlebt oder sind während eines Krieges geboren worden. Das Herzass der Güte galt nicht das Geringste, stattdessen hagelte es Bomben. Doch auch in dieser Zeit brauchten die Kinder das Gleiche wie jedes Kind: Sicherheit und Geborgenheit, genug zu essen und ein warmes Bett.

Krieg bedeutet Hunger, Entbehrung, Verlust und Todesangst. Aus den traumatischen Erfahrungen, die unsere Großeltern und auch die Generationen davor machten, entwickelten sich unbewusste emotionale Überlebensstrategien, die wir in unserem Bild des Kartenspiels als Karokarten bezeichnen. Rot wie ein Herz, aber scharfkantig. Diese Überlebensstrategien werden, wenn man sie nie hinterfragt, von Generation zu Generation weitergereicht, auch dann, wenn sie gar nicht mehr nötig oder gültig sind. So werden die ungeheilten Wunden der Kindheit unbeabsichtigt und unbewusst von Generation zu Generation weitergegeben. Um es noch mal ganz deutlich zu sagen: Traumatische Erfahrungen sorgen für die Entwicklung von Überlebensstrategien, die sicherstellen, dass man das Nötigste bekommt, was man zum Überleben braucht. Mit Wohlbefinden, Erfüllung oder Liebe hat das nichts zu tun.

Überlebensstrategien werden zu Glaubenssätzen

Wenn wir uns nun vorstellen, dass unsere Eltern wie unsere Großeltern in emotionaler Bedürftigkeit, oft genug auch in physischer Not und mit der ständigen Erfahrung von sehr viel Gewalt aufwuchsen, dann wundern wir uns nicht, dass unsere Eltern uns nicht geben konnten, was wir wirklich brauchten. Möglicherweise versuchten sie sogar unbewusst oder auch bewusst, das, was sie brauchten, von ihren Kindern, also uns, zu bekommen. In manchen Familien sind die Rollen vertauscht: Die Kinder müssen in emotionaler Hinsicht für ihre Eltern sorgen statt umgekehrt.

Weil wir als Kinder so abhängig waren, dass wir tun mussten, was immer von uns verlangt wurde, um Liebe und Anerkennung zu bekommen, entwickelten wir eigene Überlebensstrategien. Diese wurden zu unserer Wahrheit, an die wir auch heute noch glauben. Sie wurden zu Glaubenssätzen. Es sind die spitzwinkligen Karokarten, die wir ausspielen, wenn wir Beziehungen eingehen, und die unser Verhalten in unseren Beziehungen bestimmen.

Diese Glaubenssätze könnten lauten:

- Ich muss mich anstrengen, um geliebt zu werden.
- Ich muss das, was ich will, unterdrücken, um versorgt zu werden.
- Ich darf niemandem zur Last fallen.

- Ich muss die Lasten der anderen tragen, damit sie es leichter haben.
- Ich bin weniger wichtig als die anderen (Familienmitglieder).
- Ich bin falsch, so, wie ich bin.

Dass wir mit diesen Denkmustern nicht in der Lage sind, erfüllende Beziehungen zu gestalten, können wir uns gut vorstellen. Diese negativen Botschaften aus unserem Inneren wiegen sehr schwer und nötigen uns zu ungünstigen, nur wenig zielführenden Handlungsweisen.

Die alten Muster sind immer präsent

Diese Denk- und die daraus resultierenden Verhaltensmuster sind uns nicht bewusst. Wir haben sie, wieder bildlich gesprochen, in einen Rucksack gepackt, den wir jetzt mit uns herumschleppen. Dieser Rucksack befindet sich auf unserem Rücken und damit außerhalb unseres Blickfeldes, doch unbewusst greifen wir immer wieder nach hinten und ziehen die Karten heraus, die oben liegen. Auf diese Weise gestalten wir unsere Beziehungen auf der Basis der Denk- und Verhaltensmuster, die wir in der Kindheit erlernt und zum großen Teil übernommen haben.

Ungesunde Verhaltensmuster hatten einmal ihren Sinn. Doch wir können uns von ihnen befreien.

Noch einmal, weil es so wichtig ist: Diese ungesunden und ungünstigen Verhaltensmuster, die wir als Karokarten bezeichnen, sorgten dafür, dass wir als Kinder zumindest so weit versorgt wurden, dass wir überlebt haben. Sie sind gekoppelt an tief sitzende Ängste und im Gehirn nahezu untrennbar mit dem Überlebenswillen verwoben. Zum Glück nur nahezu untrennbar. Wenn wir uns auf den Weg machen, diese Glaubensmuster zu überprüfen und neue Wege zu finden, um emotional gut versorgt zu sein, löst sich das alte Verhalten nach und nach. Bildlich gesprochen: Wenn wir das Herzass in unserem vollgestopften Rucksack finden, dann werden wir frei. Dazu müssen wir uns eingehend mit diesem Rucksack befassen. Wir müssen ihn zunächst erkennen, dann müssen wir ihn ausleeren und unterscheiden, was von dem Inhalt wir benötigen und behalten und was nicht.

Um uns nicht in den inneren Bildern und den Analogien zu verirren, legen wir unser gedachtes Kartendeck fürs Erste beiseite und wenden uns dem Bild des Rucksacks zu. Später werden wir wieder auf unser Herzass der Güte zurückkommen.

DIE BÜRDE DES RUCKSACKS

Der Rucksack befindet sich auf unserem Rücken, daher sehen wir ihn nicht. Wir haben es nicht bemerkt, dass er uns aufgesetzt wurde, und wir haben es nicht gespürt, dass er immer schwerer wurde, denn wir kannten es ja nicht anders.

Doch auch wenn wir ihn nicht sehen und uns seiner nicht bewusst sind, spüren wir die Schwere des Rucksacks oft sogar körperlich: Unser Nacken ist verspannt, wir sind unter der Last gebeugt, wir leiden an Atemnot, als schnürte uns etwas den Brustkorb ein, oder wir fühlen uns nach hinten gezogen. Diesen Rucksack zu tragen kostet uns viel Lebenskraft. Die Bürde der negativen Glaubenssätze und unserer toxischen Verhaltensmuster macht sich nicht nur in unseren Beziehungen bemerkbar. Es geht uns auch sonst niemals so richtig gut. Das kommt uns normal vor, da es den meisten Menschen ähnlich geht. Das Leben ist nicht einfach, sagen wir, und seufzen dabei leise.

Wir belohnen uns mit Schokolade, mit Fernsehen, mit Alkohol oder etwas anderem, weil wir den schwierigen Alltag geschafft haben, statt die pure Freude darüber zu spüren, dass wir am Leben sind und dieses Leben weitgehend selbstbestimmt gestalten dürfen. Statt unserer inneren Stimme zu folgen, die uns zu mehr Lebendigkeit und mehr Freude rät, leben wir unter unseren Möglichkeiten. Daran ist dieser Rucksack schuld. Er macht es uns so schwer, dass wir nicht mehr mit dem Leben tanzen können. Wir schaffen es gerade so, irgendwie dahinzuschlurfen und dabei einigermaßen kompetent und leichtfüßig auszusehen. Das mag übertrieben klingen, doch wenn Sie ehrlich sind, müssen Sie dem zustimmen. Sehnen Sie sich nicht nach viel mehr Lebensfreude, Liebe und Leichtigkeit? Wenn Sie sich nach etwas sehnen, dann ist es auch in Ihnen angelegt, sonst kommen Sie gar nicht auf die Idee.

Die Wunden unserer Kindheit lassen uns glauben, dass das Leben schwer sein muss, doch was wäre, wenn wir uns irrten?

Positive Rückmeldung

Wenn wir nie erfahren haben, wie es ist, sich in einer Beziehung sicher und geliebt zu fühlen, einfach weil wir so sind, wie wir sind, und nicht für das, was wir tun, dann beeinträchtigt dies das gesamte Erwachsenenleben. Und zwar weitaus mehr, als viele Menschen es wahrhaben wollen.

Damit ein Kind lernt, in positiven Kontakt mit seiner Umgebung zu treten, braucht es freundliche und liebevolle Rückmeldung. Das Lächeln der Mutter oder des Vaters zeigt dem Kind: Ich bin wertvoll. Wird es gehalten und getragen, spürt es: Ich bin in Sicherheit. Lässt man es nicht lange weinen, sondern kümmert man sich um seine Bedürfnisse, erkennt es: Ich werde gehört und ich bekomme, was ich brauche. Meine Existenz ist stabil. Lobt man es für das, was es tut, nimmt man seine

Geschenke gerne an, dann erkennt es: Ich kann andere erfreuen und was ich mache, ist schön und wertvoll. Erlaubt man dem Kind, einen eigenen Willen und eigene Wünsche zu haben, dann versteht es: Ich bin ein eigenständiger Mensch und ich werde geliebt, so, wie ich bin. Darf das Kind um Hilfe bitten, zum Beispiel bei den Hausaufgaben, und bekommt es diese Hilfe ganz selbstverständlich, ohne zurechtgewiesen zu werden, dann lernt es: Ich darf Bedürfnisse haben und auch einmal etwas nicht verstehen und bin dabei in Sicherheit.

Selbstwirksamkeit

Bekommt ein Kind liebevolle und freundliche Unterstützung und zeigen ihm die Eltern und Familienmitglieder, dass es willkommen ist und dass es so, wie es ist, geliebt wird, auch wenn die Dinge mal nicht so laufen wie gewünscht, dann erwirbt das Kind eine sehr wertvolle Erkenntnis: Es lernt, dass es so, wie es ist, richtig ist. Das führt wiederum zu der Erkenntnis, dass es sich selbst vertrauen kann.

Ein Kind, das sich emotional sicher fühlt, ist in der Lage, Schwierigkeiten auf seine eigene Weise zu lösen. Es darf kreative Lösungswege entwickeln und wird dabei unterstützt. Es bekommt Hilfe, wenn es nötig ist, und wird gleichzeitig für seine eigenen Ideen gelobt. So entsteht eine sehr wichtige Fähigkeit: Selbstwirksamkeit. Darunter versteht man die Überzeugung, auch schwierige Situationen aufgrund der eigenen Fähigkeiten zu meistern. Man fühlt sich kompetent und voller Selbstvertrauen in die eigenen Kräfte. Dass man mit einem hohen Selbstwirksamkeitsfaktor viel glücklicher, erfolgreicher und entspannter leben kann, können Sie sich gut vorstellen, oder?

Möglicherweise können Sie sich das tatsächlich nur vorstellen. Denn sind wir in einem toxischen Elternhaus aufgewachsen, dann wurden wir nicht bestärkt, sondern beschämt, wenn wir unsere Liebe zeigten, wenn wir Dinge auf unsere Art machten oder wenn wir anders fühlten, als es in unserer Familie üblich war. Weil wir aber davon abhängig waren, positive Rückmeldung zu bekommen, um in emotionaler Hinsicht zu reifen, haben wir gelernt, zu tun, was nötig war, um wenigstens nicht beschämt zu werden.

Wir haben unbewusst gespürt, dass irgendetwas an uns falsch sein muss, und auf dieser falschen Annahme basiert unsere weitere Entwicklung. So entsteht der schwere Rucksack der Kindheit.

WENN KEINE FÜRSORGE ERFAHREN WIRD

Ein kleines Kind erwartet die oben beschriebenen positiven Rückmeldungen unbewusst und auf ganz natürliche Weise. Sein ganzes Verhalten, sein Geruch, sein Aussehen (denken wir an das Kindchenschema) zielen darauf ab, bestimmte Hormone in den Eltern zu erzeugen. Diese Hormone sorgen dafür, dass die Eltern fürsorglich und liebevoll auf ihr Kind reagieren, ohne dass es etwas dafür tun muss. Es genügt, dass es da ist. Wie selbstverständlich diese Fürsorge ist, erkennen wir in der Tierwelt: Tiermütter und -väter wissen instinktiv, was zu tun und was zu lassen ist, wenn sie ihre Babys gebären, ebenso wie die Kleinen ihre Aufgabe kennen. Die Natur steuert diesen Ablauf hormonell, darauf können wir uns verlassen.

In einem toxischen Umfeld aufzuwachsen, fügt dem Kind tiefe Wunden zu.

Wenn nun dieser natürliche Ablauf nicht funktioniert, wenn wir diese liebevolle und zärtliche Fürsorge nicht bekommen, dann muss etwas mit uns falsch sein, anders können wir es uns nicht erklären. Als kleines Kind kommen wir nicht auf die Idee, dass unsere Eltern auf eine Weise geprägt sind, die ihre fürsorglichen Gefühle im Keim erstickt. Natürlich erzeugen wir als Babys in unseren Eltern das Gefühl von Zärtlichkeit und den

Wunsch, für uns zu sorgen. Doch wenn es jemand selbst nie erlebt hat, wie es ist, einfach dafür geliebt zu werden, dass er da ist, dann ist sein inneres Kind (siehe Seite 44) so verletzt, dass es jedes fürsorgliche Gefühl für andere im Keim erstickt. Und das auf Dauer, denn in den entsprechenden Situationen reagiert nicht der inzwischen gereifte Erwachsene, sondern unser inneres verwundetes Kind.

Vertrautes bietet Sicherheit

Diese Idee, wir wären falsch, sorgt dafür, dass wir uns immer wieder neu anpassen müssen. Wir spielen Rollen, tragen Masken und Kostüme, wir handeln nicht mehr natürlich, sondern kontrollieren uns selbst, ohne uns dessen bewusst zu sein. All die Kostüme, die wir brauchten, um positive Aufmerksamkeit zu erzeugen oder um uns zu verstecken, packen wir in unseren Rucksack. Finden wir uns als Erwachsene in einer Situation wieder, die uns in emotionaler Hinsicht an etwas Schmerzliches erinnert, das wir schon erlebt haben, dann ziehen wir völlig unbewusst, aber mit sicherem Griff das passende Kostüm aus dem Rucksack und schlüpfen hinein. In dem Kostüm, das uns damals geholfen hat, die Situation zumindest zu überstehen, fühlen wir uns wieder sicher.

Haben wir zu unserem authentischen Selbst gefunden, können wir die alten Kostüme entsorgen.

Damit wir in Leichtigkeit und in Freude, vor allem aber in echter Liebe leben können, wird es Zeit, den Rucksack abzulegen, den Inhalt zu sichten, das herauszunehmen, was hilfreich ist, und alles andere zu entsorgen. Das ist natürlich nicht immer ganz einfach, denn die alten Kostüme haben uns ja nicht nur geholfen, sie sind auch alles, was wir zu haben glauben. Wir brauchen also einen Ersatz. Wir können sie nur loslassen, wenn etwas anderes an ihre Stelle rückt, und zwar unser authentisches Selbst.

WIE SIE IHREN RUCKSACK IDENTIFIZIEREN

Vielleicht finden Sie, dass der Rucksack zwar ein nettes Bild ist, Sie fragen sich aber, wie Sie wissen können, ob Sie wirklich einen übervollen Rucksack mit sich herumschleppen. Und inwiefern soll ein solcher Rucksack Sie daran hindern, erfüllende Beziehungen zu führen?

Sie haben es schon einige Male gelesen: In dem Rucksack, von dem hier die Rede ist, befinden sich die Glaubenssätze, die Vermeidungsstrategien und die Verhaltensmuster, die wir als Kinder erlernt haben, um uns den Gegebenheiten unserer Familie anzupassen. Sowohl positive als auch negative. In jedem Fall sind es zwar zum Teil sehr hilfreiche, zum Teil aber auch sehr störende Prägungen aus der Kindheit, denen wir auch noch im Erwachsenenalter folgen. Dazu zählen:

- Ihre heutige Art zu denken aufgrund Ihrer unbewussten Annahmen, die Sie als Kind entwickelt haben
- Ihr heutiges Verhalten aufgrund der emotionalen Erfahrungen in Ihrer Kindheit
- die Rückschlüsse, die Sie heute aufgrund Ihrer kindlichen Erfahrungen ziehen und nach denen Sie Ihr Leben ausrichten

Die einzelnen Punkte werden im Folgenden mithilfe von Beispielgeschichten genauer erläutert. Dafür begleiten wir zunächst Charlotte und Silvia, danach wenden wir uns Jan und Dominik zu. Es wird deutlich werden, dass es unterschiedliche Arten von Rucksäcken gibt, je nachdem, welche Art von toxischem Beziehungsmuster wir als Kinder erlebt haben. Dabei unterscheiden wir nach der Problematik der Eltern zwischen vier Varianten:

- depressive Eltern oder Elternteile
- narzisstische Eltern oder Elternteile
- co-abhängige oder co-narzisstische Eltern oder Elternteile
- süchtige Eltern oder Elternteile

Jedes Kind, das mit einer solchen Problematik konfrontiert ist, erlebt das Gleiche. Es muss sich verleugnen, kann sich nicht ungehindert entfalten und entwickelt Strategien, um die Aufmerksamkeit seiner Eltern auf möglichst positive Weise zu erlangen. Doch die emotionalen Erfahrungen und die daraus resultierenden Verhaltensstrategien sind je nach Problematik unterschiedlich, wenn auch gleichermaßen toxisch.

VERSCHIEDENE ARTEN VON RUCKSÄCKEN

Gemäß der vier Varianten werden vier unterschiedliche Rucksäcke beschrieben. Dabei werden die einzelnen Formen ein wenig plakativ und vereinfacht dargestellt, damit es leichter für Sie ist, sich selbst zu erkennen, und die Werkzeuge, die Ihnen dieses Buch anbietet, optimal für sich zu nutzen.

Die meisten Menschen erleben Mischformen, zum Beispiel ist ein Elternteil süchtig oder narzisstisch, der andere depressiv oder co-abhängig beziehungsweise co-narzisstisch. Ihr Rucksack kann also aus verschiedenen Mustern bestehen. Doch häufig überwiegt eine Variante. In Teil 2 finden Sie konkrete Fragen, die Ihnen helfen, sich selbst einzuschätzen.

Vier Rucksack-Varianten

Jedes der folgenden Beispiele steht für eine von vier Rucksack-Varianten. Sie illustrieren, auf welche Weise sich die Rucksäcke unserer Kindheit in unserem Leben als Erwachsene auswirken können. Als Erstes lernen wir zwei wunderbare Frauen kennen.

CHARLOTTE UND SILVIA

Da ist zunächst Charlotte, ein Einzelkind. Ihre Kindheit war geprägt von ihrer depressiven Mutter, die häufig im Bett lag, keinen Lärm vertrug und in jeder Hinsicht sehr bedürftig war. Der Vater verdiente das Geld für die Familie und war den ganzen Tag arbeiten. Daher konnte er sich nicht so um seine Frau kümmern, wie sie das gebraucht hätte. Der Mutter blieb nur Charlotte als Ansprechpartnerin. Auch heute noch ist Charlotte die engste Vertraute ihrer depressiven Mutter.

Silvia dagegen hat viele Geschwister. Ihr Vater war charismatisch, erfolgreich, sehr herrschsüchtig und hatte seiner Meinung nach immer recht. Er beschämte ihre Mutter und die Kinder, wann immer er konnte, und war, was man heute als »narzisstisch« bezeichnet (mehr dazu ab Seite 58). Der Vater war die Sonne, um die sich in der Familie alles drehte. Silvia betete ihn an und tat alles, um sich im Schein seiner Aufmerksamkeit selbst zu spüren. Dabei hatte sie viel Konkurrenz. Je nachdem, welches Kind in der Gunst des Vaters gerade oben stand, war sie ihm mal ganz nahe und manchmal sehr weit von ihm entfernt.

CHARLOTTE

Charlotte ist glücklich. Sie hat eine Frau kennengelernt, die sich schon jetzt wie ihre beste Freundin anfühlt. Heute Abend wollen sie sich zum ersten Mal treffen und ausgiebig plaudern, das hat sie schon ewig nicht mehr erlebt. Eigentlich noch nie, denkt sie, während sie sich zum Ausgehen zurechtmacht. Sie hatte sich immer nach einer Freundin gesehnt, doch ihre depressive Mutter konnte keine anderen Kinder in ihrer Nähe ertragen. In ihrer Kindheit war Charlotte wegen der Krankheit ihrer Mutter oft alleine, und sie ist es noch heute. Sie hat sich daran gewöhnt, doch die Sehnsucht nach einer Vertrauten ist nicht verschwunden.

Wenn Silvia nur nicht absagt, denkt sie, das wäre typisch. Schon oft sind ihre Freundschaften auf unerklärliche Weise zum Erliegen gekommen, noch bevor sie überhaupt angefangen haben. Während sie sich schminkt, wird ihre Laune immer schlechter. Hoffentlich haben wir uns überhaupt etwas zu sagen, überlegt sie. Bestimmt will Silvia nichts von ihrem ziemlich langweiligen Alltag im Büro hören. Mit spannenden Männergeschichten kann sie nicht aufwarten, für Mode interessiert sie sich nicht besonders und eigentlich mag sie auch nicht den Wein trinken, zu dem sie sich verabredet haben. Pfefferminztee wäre ihr lieber. Es konnte nämlich sein, dass sie noch Auto fahren muss – falls ihre Mutter anruft und um Hilfe bittet. Vielleicht sollte sie Silvia besser gleich absagen, denkt sie, während sie den neuen Lippenstift aufdreht, den sie sich extra für das Treffen gekauft hat. Dann könnte sie gleich zu ihrer Mutter fahren, wenn sie sie braucht. Wer ist sie überhaupt, dass sie Spaß hat, während es ihrer Mutter so schlecht geht?

Schluss jetzt, weist sie sich zurecht, du wirst deiner Mutter nicht erlauben, dir den Abend zu verderben, ohne dass sie überhaupt im Raum ist.

Doch ihre Freude ist bereits verflogen. Sie schaut in den Spiegel und findet sich viel zu angemalt, total überzogen. Sei nicht immer so laut, schallt es in ihren Ohren, so wie sie es in ihrer Kindheit zigmal gehört hat. Und dazu gehört auch die »Lautstärke« ihrer Erscheinung.

Charlotte ist zum Glück nicht dumm. Trotz ihrer Gedanken und Gefühle geht sie aus dem Haus und verbringt einen schönen Abend mit Silvia. Sie erlaubt es sich, Tee zu trinken, obwohl Silvia sie deswegen aufzieht, und sie lachen viel. Dennoch bleiben ihre Gespräche seltsam leer, so, als wäre Charlotte nicht wirklich anwesend. Silvia wird sich nicht wieder melden, denkt Charlotte auf dem Heimweg, und leider hat sie recht. Auch diese Freundschaft verläuft im Sande, wie so viele davor.

Am besten bleibt sie ganz alleine, denkt sie eines Abends. Doch dann sollte sie sich zumindest eine Katze anschaffen – nein, das geht nicht, die Mutter ist allergisch gegen Katzen …

Charlotte bindet sich selbst die Hände

Charlotte hat einen vollgepackten Rucksack auf dem Rücken, haben Sie das bemerkt? Und mal ehrlich, nervt Charlotte Sie nicht auch ein wenig? Sie kauft sich keine Katze, weil ihre Mutter allergisch dagegen ist – was ist das denn für ein »magersüchtiges« Verhalten? Die Mutter lebt ja nicht einmal im gleichen Haus. Ist es vielleicht nur eine Ausrede? Charlotte lässt die Freundschaft zu Silvia im Sande verlaufen, dabei könnte sie sich ja auch selbst bei ihr melden. Sie geht davon aus, dass sie zu langweilig ist, dabei weiß sie gar nicht, welche Themen Silvia interessieren.

Charlotte verweigert sich reflexartig und zwanghaft fast alles, was sie nährt und was ihr guttut, gerade so, als wäre sie magersüchtig.

Haben Sie bemerkt, wie viel Charlotte darüber nachdenkt, wie sie auf andere wirken könnte? Der Lippenstift ist zu auffällig, ihre Themen sind zu langweilig, ihre Trinkgewohnheiten sind zu bieder … Sie geht trotzdem zu dem Treffen, und das ist ein sehr gesunder Impuls. Doch weil sie sich selbst schon entmutigt hat, ist sie nicht ganz bei der Sache. Sie wirkt im Gespräch vermutlich oberflächlicher, als sie es ist. Silvia kommt an diesem Abend nicht an sie heran. Charlotte hat dichtgemacht. Warum? Weil sie Angst hat, sowieso wieder verlassen zu werden, nicht gut genug zu sein, am Ende enttäuscht zu werden.

Und natürlich geschieht genau das. Das Werkzeug, das Charlotte aus dem Rucksack zieht, die scharfkantige Karokarte, um das Bild doch noch einmal aufzurufen, ist ihre selbst verordnete Ohnmacht. Sie leidet lieber, statt aktiv zu werden.

SILVIA

Auch Silvia ist glücklich und freut sich auf den Abend. Charlotte ist eine tolle Frau, denkt sie, während sie ihr Businesskostüm auszieht und in Jeans und Pulli schlüpft, so fürsorglich und warmherzig! Sie löst den strengen Haarknoten und kämmt sich die langen Haare nur rasch mit den Fingern aus. Heute Abend würde sie niemandem beweisen müssen, dass sie erfolgreich und kompetent ist. Sie wird keine scharfsinnigen Diskussionen führen müssen, um zu zeigen, dass sie ihrem Vater ebenbürtig ist. Sie atmet tief durch und erlaubt sich ein Lächeln.

Normalerweise verbringt sie ihre Abende mit Kollegen – in schicken Restaurants oder per Chat am Computer. »Networking« nennt man das und es ist dringend nötig, wenn man in Silvias Kreisen beruflich erfolgreich sein will. Heute nicht, seufzt sie und schenkt sich ein Glas Wein ein, um sich zu entspannen. Sie weiß gar nicht mehr, wie das geht, sich einfach zu unterhalten, ohne dabei beweisen zu müssen, wie kompetent und klug sie ist. Vielleicht kann Charlotte zu einer echten Freundin werden, denkt sie, eine, mit der sie nicht konkurrieren muss, sondern mit der sie lachen, sich einfach gut fühlen und über alles Mögliche reden kann, ohne eine ausgefeilte, sorgfältig formulierte Meinung haben zu müssen. »Stell dich doch nicht so dumm an!« ist der Satz, den sie noch heute von ihrem Vater zu hören bekommt, wann immer sie einfach losplaudert. Sie zieht sich eine Jacke über und macht sich auf den Weg.

Silvia fühlt förmlich, wie ihre Schultern leichter werden, wenn sie an Charlotte denkt. Bei ihr muss sie nicht auf der Hut sein. Sie muss nicht so tun, als wäre sie perfekt, damit sie nicht niedergemacht wird – und egal, denkt Silvia und verzieht ihren Mund, egal, wie perfekt, schlank, erfolgreich und gut angezogen sie auch ist, es gibt immer etwas, an dem ihr Vater herummäkelt. Er kann es offenbar nicht ertragen, wenn er nicht in allem und jedem der Beste ist. Mit diesen Gedanken geht sie aus dem Haus.

Als sie auf die sorgfältig gestylte Charlotte trifft, ist diese seltsam distanziert und unnahbar. Die Herzenswärme, die Silvia gespürt hat, als sie sich kennenlernten, ist weg und Silvia fragt sich den ganzen Abend über, was sie falsch gemacht und ob sie sich in Charlotte geirrt hat. Sie, Silvia, hätte sich wenigstens etwas schicker anziehen können, denkt sie und schämt sich. So tut sie das, was sie am besten kann: Sie beginnt über ein unpersönliches, allgemeines, aber kompliziertes Thema zu sprechen – nein, zu referieren. Charlotte nickt und lächelt höflich, nippt an ihrem Tee und lässt die eine oder andere Bemerkung zum Thema fallen – doch das vertrauliche Freundinnentreffen, auf das sich Silvia so sehr gefreut hat, findet nicht statt.

Sobald sie zu Hause ankommt, löscht sie Charlottes Nummer aus ihrem Handy. Ich eigne mich einfach nicht für Freundschaften, denkt sie enttäuscht und fährt ihren Computer hoch. Arbeit bringt sie immer ins Gleichgewicht.

Silvia setzt auf Leistung

Haben Sie den Rucksack erkannt, den Silvia trägt? Silvias ungesundes Werkzeug ist die Abspaltung. Wenn sie sich abgelehnt fühlt, flüchtet sie, indem sie innerlich in einen Bereich wechselt, in dem sie sich stark fühlt und die Kontrolle hat.

Silvia und Charlotte fühlen sich wegen ihrer emotionalen Wunden unsicher und so führt ihr Misstrauen zum Scheitern des gewünschten Freundinnengespräches.

Zunächst lässt Silvia sich in das Treffen mit Charlotte hineinfallen wie in ein weiches Kissen, und das ist sehr gesund. Es ist schon fast ein Wunder, dass sie ihre Rüstung – das Kostüm und den strengen Haarknoten – ablegt und sich berührbar zeigt. Doch sie lässt sich von der Überzeugung, sie sei nicht gut genug, wie es ihr Vater ihr immer wieder vermittelt, verleiten, sich Charlotte gegenüber minderwertig zu fühlen. Charlotte erscheint ihr auf einmal bedrohlich. Deren emotionale Unnahbarkeit kennt Silvia nur zu gut, also flüchtet sie sich in das, was sie kann: Sie doziert und setzt ihren Intellekt als Waffe ein, so wie sie es gelernt hat.

Silvia reagiert auf ihren Schmerz mit einem schnellen Bruch. Sie löscht Charlottes Nummer und hakt damit auch ihre eigenen Gefühle ab. Sie rettet sich in ihre Komfortzone, also in ein Verhaltensmuster, in dem sie sich stark und kompetent fühlt, statt sich selbst zu erlauben, den (in Wahrheit ja nur vermeintlichen) Verlust ihrer Freundin zu spüren und den Mut aufzubringen, offen mit Charlotte zu sprechen. Das, was sie auf der Arbeit vermutlich kann, weil es zur Kompetenz gehört, nämlich ein Krisengespräch zu führen, kann sie im Privatleben, wenn es um ihre Gefühle geht, auf gar keinen Fall. Sie spaltet sich von sich selbst ab und nimmt, genauso wie Charlotte, ihnen beiden die Chance, dass sich eine Freundschaft entwickeln kann.

CHARLOTTE UND SILVIA IM VERGLEICH

Im Gegensatz zu Charlotte setzt Silvia ihr Gegenüber mit ihrem Vater gleich und nutzt die immer gleichen Strategien, mit ihrem Gegenüber umzugehen. Jeder Mensch ist in ihrer Vorstellung so emotional unberührbar und beschämend wie ihr Vater. Charlotte dagegen befindet sich durch die massive negative Bindung an ihre Mutter in einer permanenten Hoffnungslosigkeit. Sie weiß, dass Silvia anders ist als ihre Mutter, hat aber zu wenig Selbstvertrauen und Kraft, sich um die Beziehung zu ihr zu bemühen. Nach dem Treffen begibt Charlotte sich in die Opferrolle und bleibt passiv. Silvia durchtrennt aktiv alle Verbindungen zu Charlotte und zu ihren Wünschen, Bedürfnissen und Gefühlen in Bezug auf Charlotte oder überhaupt einer Freundin.

Charlotte und Silvia reagieren aufgrund ihrer Kindheitserfahrungen unterschiedlich, doch das Ergebnis ist für beide das gleiche: Sie bleiben einsam.

Wir werden uns später sehr ausführlich mit den beiden Frauen befassen und untersuchen, was genau in ihnen passiert. Vielleicht erkennen Sie sich in der einen oder anderen Verhaltensweise wieder und kommen sich so selbst auf die Spur.

JAN UND DOMINIK

Um zwei andere weitverbreitete toxische Beziehungsstrukturen kennenzulernen, spielen wir nun Mäuschen in der Praxis von Jan und Dominik.

Zunächst lernen wir Jan kennen. Jan ist Psychologe. Ihm ist bewusst, dass seine Großmutter eine Narzisstin ist, wie sie im Buch steht: Sie ist rechthaberisch, kontrollierend und beschämend. Seine Mutter, die zeitlebens unter ihrer Mutter gelitten hat, versucht auch heute noch, ihr alles recht zu machen und ihr zu gefallen. Das ist nicht einfach, denn die Großmutter ist bettlägerig und pflegebedürftig. Jans Mutter nimmt die Großmutter vor ihrem Sohn und auch vor ihrem Ehemann in Schutz, selbst dann, wenn sie schier Übermenschliches von ihr verlangt. »Conarzisstisch« nennt man das in der Psychologie, auch das weiß Jan. Seine Ehe ist gescheitert, weil er, wie seine Ex-Frau sagt, nicht von seiner Mutter loskommt. Er selbst sieht das anders. Seine Mutter ist anstrengend und verlangt viel von ihrer Familie, doch sie meint es ja nur gut. »Sie kann ja auch nichts dafür«, sagte er oft zu seiner Ex-Frau, »du kennst doch ihre Mutter, meine Großmutter.«

Was co-narzisstisch und co-abhängig bedeutet, lesen Sie ab den Seiten 67 und 77.

Dominik ist ebenfalls Psychologe und Jans Kollege. Er ist der Sohn eines alkoholkranken Vaters und einer co-abhängigen Mutter. Er hat sich vollkommen von seinen Eltern losgesagt, weil sie, wie er sagt, miteinander in einer toxischen Beziehung verstrickt sind und er sich auf keinen Fall in ihr Drama hineinziehen lassen will. Das klingt sehr bewusst und reflektiert, auch wenn man ihm eine friedliche Beziehung zu seinen Eltern wünscht, oder?

JAN

»Mist!«, flucht Jan. Er muss noch mindestens zehn Patientenberichte für die Krankenkasse schreiben und einige Gutachten stehen aus. Wie immer lässt er sich zu viel Arbeit aufhalsen, denkt er, während er sich im leeren Büro umschaut. Natürlich ist es wieder spät geworden, schon nach acht. Und jetzt das – der Computer lässt ihn im Stich. Als reflektierter Mensch weiß Jan, warum er so im Verzug ist. Seine Mutter, wie immer. Wenn sie ihn nicht mindestens fünfmal am Tag anrufen würde, um sich von ihm emotional aufbauen zu lassen, käme er viel besser voran. Er ist unter Druck, das ist ihm bewusst. Doch gleichzeitig weiß er, dass er sie auf keinen Fall hängen lassen könnte. »Der Vater versteht das nicht«, sagt sie immer, und obwohl er weiß, dass er sich in einer schwierigen Abhängigkeit befindet, packen ihn sofort heftige Schuldgefühle, wenn er nicht innerhalb von fünf Minuten auf ihre Anrufe antwortet. Jan seufzt. Er schafft sein Arbeitspensum nicht. Dass er genau weiß, wie negativ sich das Gefühl des Versagens auf ihn auswirkt, bereitet ihm zusätzlichen Stress.

Sein Kollege Dominik tritt unaufgefordert in das Zimmer. Er strahlt und hält eine Flasche in der Hand. »Feiern?«, fragt er nur und zeigt Jan das Etikett. Es ist teurer Champagner. Jan fühlt, wie Groll in ihm aufsteigt. Kann man ihn nicht einmal in Ruhe lassen, einmal nur?, knurrt es in ihm und er ballt innerlich die Fäuste. »Was feiern wir?«, fragt er freundlich und zwingt sich zu einem Lächeln. Er fühlt förmlich, wie Dominiks Laune sinkt. »Zehn Jahre Praxis, zehn Jahre Zusammenarbeit… hast du es vergessen?« Dominik stellt die Flasche auf Jans Schreibtisch. Sofort fühlt Jan sich schlecht, doch gleichzeitig ist er wütend. Er hat wirklich keine Zeit, das sieht Dominik doch! Würde er sonst noch am Schreibtisch sitzen? Und jetzt macht er ihm auch noch Vorwürfe, das geht zu weit. Männer sind das Letzte, denkt Jan, sie sind unsensibel und nur auf ihr Vergnügen aus. Erschrocken hält er inne. Woher kam denn dieser Gedanke?

»Ja«, sagt Jan, »ich habe es vergessen. Ich habe jetzt auch keine Zeit, ich bin völlig hinterher mit allem. Und ich denke, ich brauche Hilfe.« Dominik setzt sich auf den Stuhl, der vor Jans Schreibtisch steht, und schaut ihn ernst an. »Ja, das glaube ich auch. Ich bin gern für dich da«, sagt er, und Jan ärgert sich schon wieder. Ist es so offensichtlich, dass er nicht klarkommt? »Danke«, sagt er dennoch und schiebt ihm zwei der fünf Akten zu, die sich auf seinem Tisch stapeln. »Kannst du diese Gutachten für mich ausarbeiten? Danke.« – »Ach so«, sagt Dominik tonlos, und Jan schaut ihn verwirrt an. Was hat er denn nun schon wieder falsch gemacht? Lange geht das nicht mehr gut mit ihnen, denkt er, Dominik ist viel zu empfindlich. Er hatte doch Hilfe angeboten, oder? Eines Tages, denkt er, und zwar bald, wird er die gemeinsam aufgebaute Praxis verlassen …

Jan ignoriert das Hilfsangebot

Hat Jan wirklich nicht verstanden, dass Dominik ihm nicht bei den Gutachten helfen wollte, sondern emotionale Unterstützung angeboten hat? Vermutlich nicht. Er ist so sehr in seiner Überforderung und deren Rechtfertigung gefangen, dass er nicht erkennt, auf welche Weise er in Not ist. Jan ist in eine Falle geraten: Aufgrund seiner Ausbildung glaubt er zu wissen, was mit ihm los ist, doch in Wahrheit hat er hier einen blinden Fleck. Er ignoriert seine eigene Aggression und sein negatives Männerbild. Würde er sich mit sich selbst beschäftigen, müsste er zugeben, dass er sehr wütend auf seinen Vater ist.

Woher wissen wir das? Er erlaubt seiner Mutter, ihn, den Sohn, an die Position des Ehemannes und Vertrauten zu setzen. Statt die Mutter an den Vater zu verweisen, lässt er zu, dass der Vater aus seiner Rolle gedrängt wird, und er verachtet ihn dafür. Das erkennen wir an dem Gedanken, den er plötzlich über Männer hat. Er erschrickt zwar, als er wahrnimmt, wie negativ sein Männerbild ist, doch er verdrängt dieses Gefühl sofort und kehrt auf die fachliche Ebene zurück.

Jan müsste erkennen, dass seine Mutter ihn ausnutzt. Er müsste erkennen, dass sie bei ihm Trost und Kraft sucht, statt die Beziehung zu ihrer eigenen Mutter und zu ihrem Ehemann zu klären und sich professionelle Hilfe zu holen. Die Schuldgefühle zeigen, das Jan seinerseits in einer Co-Abhängigkeit gefangen ist. Er unterstützt auf seine Kosten das ungesunde Beziehungssystem seiner Mutter, statt sich herauszuhalten. Jan ist bereit, die gut gehende Praxis zu verlassen, die Zusammenarbeit mit seinem Partner zu kündigen, weil er sich missverstanden fühlt, statt sich den Problemen zu stellen, die er tatsächlich hat. Er wirft etwas Gutes weg, um etwas Toxisches zu behalten – das ist Co-Abhängigkeit.

Wissen genügt nicht. Die Wunden der Kindheit heilen nur, indem man bereit wird, sie zu fühlen und sich selbst zu geben, was man braucht.

DOMINIK

Dominik ist aufgeregt. Niemals hätte er gedacht, dass er eines Tages eine eigene Praxis als Psychotherapeut führen würde. Doch vor genau zehn Jahren hatten sein Studienkollege und er die Gläser erhoben und auf die Eröffnung ihrer gemeinsamen Wirkungsstätte angestoßen.

Jan weiß, wie wichtig der heutige Tag für ihn ist. Jan war dabei, als Dominik beide Eltern in verschiedene Entzugskliniken einweisen ließ, als beide trotz erfolgreichem Entzug wieder zu trinken begannen, als sie sich immer wieder Geld von ihm leihen wollten. Jan war dabei, als Dominik sich vor fünf Jahren von seinen süchtigen Eltern abwenden musste, um seine eigene Haut zu retten. Er war damals sein großer Halt. Unzählige Gespräche hatten sie geführt, als Kollegen und als Freunde.

Eine Zeit lang hatte Dominik richtiggehende Atembeschwerden, weil er sich so schuldig fühlte, die Eltern vermeintlich im

Stich zu lassen. Doch das ewige, ihn körperlich krank machende Muster der Selbstaufopferung hatte ihn so massiv daran gehindert, sein Leben zu meistern und sowohl für sich selbst als auch für seine Patienten da zu sein, dass er diesen Schnitt machen musste.

Dominik weiß, dass auch Jan es nicht leicht hat. Dessen Mutter ist äußerst fordernd und Jan ringt jeden Tag um seine eigene emotionale Unabhängigkeit. Dominik unterstützt ihn, doch die Rollenverteilung ist klar: Dominik nimmt Jans Hilfe gerne in Anspruch, doch Jan öffnet sich nur sehr selten. »Sie kann ja nichts dafür«, sagt Jan, wenn Dominik ihn vorsichtig darauf aufmerksam macht, dass er, Jan, selbst in einer emotionalen Suchtstruktur in Bezug auf seine Mutter gefangen sein könnte.

Jeden Tag erlebt Dominik, wie sehr die Mutter Jan braucht, und er erkennt Jans co-abhängiges Verhalten. »Ich kann sie nicht im Stich lassen. Sie will das ja alles selbst nicht. Und auf Vater kann man nicht bauen«, sagt Jan. »Und wo bleiben deine Bedürfnisse?«, will Dominik antworten, doch er tut es nicht. Zu oft hat Jan ihn zurückgewiesen, als er versucht hat, ihm seine Hilfe anzubieten. Er muss Jans Abwehrhaltung respektieren. Solange dieser nicht selbst um Hilfe bittet oder die Praxis schädigt, muss er sich raushalten, denkt er.

Doch heute wird gefeiert! Er nimmt den Champagner und tritt freudig in Jans Büro. »Feiern?«, sagt er. »Was feiern wir?«, fragt Jan zurück und Dominiks Atem wird schwer. Er keucht auf, seine plötzliche Atemnot überdeckt er durch einen kurzen Husten. Er stellt die Flasche ab und reißt sich zusammen. Jans Reaktion enttäuscht ihn weitaus mehr, als er es selbst versteht. Er setzt sich ihm gegenüber und als Jan ihn um Hilfe bittet, ist er erleichtert. Ein Gespräch ist längst überfällig, denkt er, alles wendet sich jetzt zum Guten. Doch nein. Jan braucht ihn nur, damit er ihm bei der Arbeit hilft. Dominik nimmt die Akten und verlässt das Büro. Den teuren Champagner lässt er stehen. So geht es nicht weiter, denkt er, doch gleichzeitig weiß

er, dass die Welt morgen früh schon wieder ganz anders aussehen wird. Die Praxis ist wichtiger als alles andere. Seufzend setzt er sich an seinen Schreibtisch und hilft seinem Freund bei seinen Gutachten.

Dominik übergeht seine eigenen Gefühle

Dominik scheint rational zu handeln. Er steckt seine Enttäuschung weg und hilft dem Kollegen, damit die Praxis läuft. Gleichzeitig spüren wir, dass eine deutliche Schieflage eingetreten ist. Dominik unterstützt Jans ungesundes Verhalten in Bezug auf dessen Mutter, indem er sich erstens schlecht behandeln lässt und ihm zweitens Arbeit abnimmt. Seine eigene Enttäuschung übergeht er. Dominik denkt: Solange der Freund nicht um Hilfe bittet oder die Praxis schädigt, muss er sich heraushalten. Das stimmt. Doch er bemerkt nicht, dass Jan der Praxis schon längst empfindlichen Schaden zufügt: Er verdirbt Dominik die Freude, er verhält sich seinen Eltern gegenüber co-abhängig und stört damit das emotionale Klima. Darüber hinaus denkt er ans Aussteigen.

Statt sich einem notwendigen Gespräch zu stellen, reagiert Dominik als Folge seiner emotionalen Wunde instinktiv mit einem Fluchtreflex.

Wir dürfen sicher sein, dass Dominik unterschwellig sehr wohl spürt, dass etwas ganz und gar nicht stimmt, denn wir wissen ja, dass er sich bewusst zurückhält. Doch Dominik ist durch seine süchtigen Eltern so sehr auf Vertuschen und auf Verleugnen der eigenen Wahrnehmung gedrillt, dass er nicht erkennt, wie dringend er handeln und Jan zur Rede stellen muss. Man sollte meinen, als Psychologe wüsste er es besser, doch gerade weil er Psychologe ist, hält er sich an den Grundsatz »Halte dich raus, wenn du nicht um Hilfe gebeten wirst«. Von außen sehen wir Dominiks blinden Fleck: Er unterstützt ungesundes Verhalten auf Kosten seines eigenen Wohlbefindens, denn das ist es, was er in seiner Kindheit gelernt hat.

JAN UND DOMINIK IM VERGLEICH

Jan und Dominik sprechen beide nicht aus, was sie fühlen und was sie wirklich wollen. Jan gibt der ungesunden Beziehung zu seiner Mutter zu viel Raum und lässt es seinen Kollegen spüren. Dominik verhält sich Jan gegenüber wie dieser in Bezug auf seine Mutter: Er sagt nicht, was er fühlt und was er will. Beide sind nicht bereit, aus dem, was sie jeweils wahrnehmen und innerlich auch wissen, Konsequenzen zu ziehen. Jan müsste die Beziehung zu seiner Mutter klären oder sie zumindest in Bezug auf die Praxis außen vor lassen. Dominik müsste Jan sagen, wie er die Gesamtsituation empfindet, damit Jan spürt, wie sehr er unter Druck steht.

Wäre das Ganze eine zeitlich begrenzte Situation, zum Beispiel bei einer akuten Erkrankung eines Familienmitglieds, sähe die Sache anders aus. Doch diese Situation hat toxische Wurzeln: Jan fängt die ungesunde Beziehung zwischen seiner Mutter und deren Mutter auf und erschafft gerade dadurch noch mehr Toxisches in seiner Umgebung. Dominik hat sich zwar von seinen süchtigen Eltern getrennt, erkennt aber nicht, dass er in eine neue emotionale Abhängigkeit geraten ist.

WAS ALLE VIER VERBINDET

Wenn wir uns die Geschichten anschauen, dann erkennen wir, dass alle vier Protagonisten eines nicht tun, obwohl es dringend nötig wäre: Sie sagen nicht, was sie wirklich fühlen. Unser Gehirn hat allerdings eine besondere Eigenschaft: Es »liest« die unangenehmen Emotionen anderer, dafür ist die Amygdala zuständig. Diese Fähigkeit ist überlebensnotwendig, weil wir dadurch sehr rasch erkennen, wenn Gefahr droht. Und bedrohliche Gefühle sind geradezu ansteckend. So spüren es zum Beispiel kleine Äffchen auf der Stelle, wenn die erwachsenen Affen etwas Erschreckendes wahrnehmen. Sofort klammern sie sich in das Fell der Großen und sind damit bestens für die Flucht vorbereitet. Sie müssen nicht wissen, was genau los ist, sie klammern sich einfach fest.

Das Areal in unserem Gehirn, in dem wir emotionales Unbehagen und Angst in unserer Umgebung wahrnehmen, ist die Amygdala.

Was bedeutet das für unsere Beispiele? Alle Beteiligten spüren unbewusst, dass sich der jeweils andere unwohl fühlt. Doch weil nicht darüber gesprochen wird, zieht jeder seine eigenen Schlüsse aus den Gefühlen des Gegenübers und glaubt, er wäre mit schuld daran. Im Prinzip verhalten sich alle vier wie ein Kind, das Angst hat, verletzt zu werden oder andere zu verletzen, und das die Reaktion des anderen unreflektiert auf sich selbst bezieht. Kinder können nicht anders, weil ihr Gehirn noch nicht ausgereift ist. Doch wir als Erwachsene sind in der Lage, innerlich frei und emotional unabhängig zu agieren, vorausgesetzt, wir wissen, wie.

Mit diesem Wissen untersuchen wir im nächsten Teil die Geschichten noch genauer. Wir leisten psychologische Detektivarbeit und blicken tief ins Unbewusste unserer Probanden. Durch gezielte Fragen finden wir heraus, ob wir uns möglicherweise ähnlich verhalten.

2

Das Bedürfnis des inneren Kindes nach Sicherheit ist unantastbar

Geborgenheit, Sicherheit, Nähe und Liebe sind unser Leben lang wichtig für unser Wohlbefinden – so wie sie es bereits in unserer Kindheit waren.

Die emotionalen Versprechen des inneren Kindes

Unser Gehirn ist darauf ausgelegt, unser Überleben zu sichern. Wie wir überleben, ist zunächst zweitrangig. Das Gehirn bewertet nicht im Sinne von: »Jetzt lohnt es sich nicht mehr, weiterzuatmen, es ist viel zu schmerzhaft.« Es sagt: »Alles kann sich ändern, solange das Herz noch schlägt.« Das Stammhirn sorgt für unser Überleben, egal wie. Auch die Bedürfnisse nach Sicherheit, Liebe, Nähe und Geborgenheit sind fest in uns verankert. Sie sind in uns angelegt, egal, wie alt wir sind.

Kinder müssen sicherstellen, dass sie versorgt werden. Dafür tun sie alles, was nötig ist – sogar dann, wenn es ihnen schadet.

Fast jedem toxischem Verhalten, das wir aus unserer Kindheit mitgebracht haben, liegt ein emotionales Versprechen zugrunde, das dafür sorgen sollte, dass wir als Kinder so sicher waren wie möglich. In einer gesunden Eltern-Kind-Beziehung ist es die Aufgabe der Eltern, für die Sicherheit und Geborgenheit des Kindes zu sorgen. In einer toxischen Eltern-Kind-Beziehung hingegen müssen wir uns vor dem unberechenbaren Verhalten unserer eigenen Eltern schützen, und das ist das emotionale Versprechen. Wir müssen uns auf eine bestimmte Weise verhalten, damit wir vor den Menschen, die uns versorgen sollten und die wir liebten, möglichst sicher waren. Also haben wir alles in unserer kindlichen Macht Stehende getan, um uns einen mehr oder weniger sicheren Ort zu schaffen, an dem wir uns geborgen fühlen konnten.

Als Kinder haben wir dafür gesorgt, dass wir heranwachsen konnten, indem wir funktionierten und taten, was von uns erwartet wurde. Das war gut. Jetzt sind wir erwachsen und dürfen erkennen, dass wir für unsere eigene Sicherheit sorgen können. Das ist noch besser.

Wenn wir unsere Verhaltensmuster erkennen und verstehen, welche unserer kindlichen Bedürfnisse nach Sicherheit, Liebe und Geborgenheit ihnen zugrunde liegen, können wir diese Bedürfnisse auf andere, gesündere Weise erfüllen. Wir waren sehr erfolgreich, wir leben ja. Aber gerade weil wir erfolgreich waren, ist es so schwierig, diese ungesunden Verhaltensweisen zu erkennen, denn sie sind sehr tief im Unterbewusstsein verankert.

Werfen wir einen Blick auf die kindlichen emotionalen Versprechen und erkennen wir, wie sie zustande kamen.

DIE EMOTIONALVERTRÄGE DES INNEREN KINDES BEHINDERN DAS ERWACHSENWERDEN

Über das innere Kind haben wir bereits gesprochen. Es ist jener Anteil in uns, der die Kindheitserfahrungen auf emotionale Weise abgespeichert hat und uns als Erwachsene agieren lässt, als wären wir immer noch das abhängige Kind. Dieser Anteil kann nicht anders. Er reift nicht heran, denn er wird immer noch von der Amygdala bestimmt, einem sehr alten und damit instinktgesteuerten Bereich unseres Gehirns, der Teil des limbischen Systems ist. Warum ist das so? Weil wir als Kinder nur diesen Bereich zur Verfügung hatten. Die Teile des Gehirns, die uns vernünftig, reflektiert und analytisch denken lassen, waren noch nicht ausgereift und noch nicht mit unserem bewussten Erleben verknüpft.

Weil wir nie erfahren haben, wie es ist, unbelastet aus den reiferen Bereichen unseres Gehirns heraus unser Leben zu gestalten, wissen wir nicht, dass wir das können. Warum konnten wir nicht frei und unbeschwert ausprobieren, wer wir wirklich sind? Wir haben mit den Menschen, die uns versorgt haben, sogenannte Emotionalverträge geschlossen, die unser Überleben sicherten. Ein Emotionalvertrag ist ein unbewusst geschlossenes Abkommen, das besagt: »Ich erfülle deine Bedürfnisse, wenn du meine erfüllst.« Daran ist erst mal nichts verwerflich. Wenn die Mutter sagt: »Ich erfülle deine Bedürfnisse nach Liebe, Zärtlichkeit, Wärme und Nahrung, und du erfüllst mein Bedürfnis, dich versorgen zu dürfen«, dann ist das sogar sehr gesund. Doch weil unsere Eltern selbst sehr verletzt waren und es vermutlich noch immer sind, schleppen sie sehr viele unerfüllte Kindheitsbedürfnisse mit sich herum. Und so machten wir, weil wir nicht anders konnten, folgenden Deal: »Du versorgst mich, und ich, das Kind, sorge dafür, dass du deine kindlichen Schmerzen, deine Angst, verlassen zu werden, und deine Scham nicht fühlen musst.«

Unser Handeln wird auch heute noch von den unreifen emotionalen Bereichen unseres Gehirns gesteuert, weil wir noch nicht erkannt haben, dass wir heute erwachsen und damit unabhängig sind.

Da wir diesen unbewusst geschlossenen Vertrag erfüllen, hatten wir keine Gelegenheit zu lernen, bewusst aus dem reifen, unabhängigen Anteil unseres Gehirns heraus zu handeln. Und so agieren wir in vielen Lebensbereichen auch heute noch unbewusst so, als wären wir abhängige Kinder, die ihren Versorger auf keinen Fall verärgern oder verletzen dürfen – immer dann, wenn eine Wunde getriggert, also berührt, wird.

Das schafft vielschichtige Probleme, wie wir in den vier Beispielgeschichten gesehen haben. Nicht nur, dass wir mehr beim anderen sind als bei uns, weil wir versuchen, zu verstehen, was er von uns erwartet – dem Gegenüber geht es genauso! Tragen wir jedoch die Verantwortung oder die Sorge für unser Wohlbefinden selbst, tun wir in zweierlei Hinsicht Gutes:

1. Wir sorgen dafür, dass es uns selbst gut geht, weil wir sagen, was wir wirklich denken, fühlen und was wir uns wünschen. So können wir sehr rasch erkennen, ob das, was wir uns wünschen, überhaupt mit dem anderen möglich ist, und ersparen uns und dem anderen Enttäuschungen.
2. Wir geben dem anderen die Gelegenheit, bei sich selbst zu bleiben, weil wir uns für ihn sichtbar machen. So muss er nicht seinerseits rätseln, was wir von ihm erwarten. Wir sagen es ihm schlicht und ergreifend! Wäre das nicht wunderbar einfach?

Es geht hier noch nicht um die Frage, wie wir uns selbst helfen können, sondern um Erkenntnis. Denn sich selbst zu erkennen, ist der erste und der wichtigste Schritt zur Heilung.

Um anderen Menschen zu sagen, was wir fühlen und denken, ist es vor allem vonnöten, dass wir es selbst wissen. Aber je mehr unbrauchbare Verhaltensmuster unseren Rucksack füllen, desto schwieriger ist es für uns, das, was wir wirklich wollen, überhaupt wahrzunehmen. Wir sind Meister darin, auf die Bedürfnisse anderer zu reagieren, doch uns selbst fühlen wir kaum. Damit wir uns selbst fühlen lernen, ist es wichtig zu verstehen, welche Glaubenssätze, Verhaltensmuster und unerfüllte Bedürfnisse sich in unserem Rucksack befinden. Denn erst wenn wir erkennen, wie unser altes Schema funktioniert, können wir lernen, es bewusst zu verändern.

Welches ist Ihr Rucksack?

Schauen wir uns die Geschichten unserer vier Beispielpersonen noch einmal auf einer tieferen Ebene an. Durch zielgerichtete Fragen werden wir erkennen, zu welcher Rucksack-Gruppe – oder zu welchen Gruppen – wir gehören. Am Ende haben alle das gleiche Problem, das ist deutlich geworden. Doch nicht zu sagen, was man fühlt, denkt und will, kann sich im Alltag unterschiedlich auswirken.

Die vier folgenden Kapitel sind alle gleich aufgebaut: Sie erfahren, wie sich die Probleme und Erkrankungen der Eltern äußern und wie sie sich auf Beziehungen auswirken. Es geht um:

- Depressionen
- Narzissmus
- Co-Narzissmus
- Sucht und Co-Abhängigkeit

Mit diesem Wissen können Sie besser verstehen, welchen Schwierigkeiten die Kinder Charlotte, Silvia, Jan und Dominik ausgesetzt waren und warum sie heute so denken und sich so verhalten, wie sie es tun. Auch wenn dies aus den Problemen der Eltern entstanden ist, zeigt es sich bei den Kindern oft auf andere Weise. Zum Beispiel Silvia, die unter ihrem narzisstischen Vater litt, ist nicht automatisch ebenfalls Narzisstin, sondern sie zeigt co-narzisstisches Verhalten.

Schädliche Aspekte unseres Verhaltens in Beziehungen sind ein vergeblicher Versuch, die Wunden unserer Kindheit zu heilen.

Aufgrund dieser Betrachtungen können Sie Ihre eigenen Verhaltensweisen erkennen und sich selbst einordnen. Dabei helfen Ihnen gezielte Fragen zu dem jeweiligen Bereich. Lassen Sie sich Zeit, um diese Fragen zu beantworten. Legen Sie Stift und Papier bereit und machen Sie sich Notizen. Dinge niederzuschreiben hilft, Erkenntnisse zu gewinnen.

Der schwere Rucksack des Kindes depressiver Eltern

Bevor wir näher auf Charlottes Verhaltensmuster eingehen, schauen wir uns an, wie sich Depressionen äußern. Im folgenden Abschnitt erfahren Sie, mit welchen Symptomen Depressionen einhergehen können und wie sie sich auf das Leben des Erkrankten und das seiner Angehörigen auswirken.

ÜBER DEPRESSIONEN

Die Symptome einer Depression können sehr vielfältig sein. Sehr häufig kommen körperliche und psychische Symptome gemeinsam vor und sind nur schwer als Ausdruck der gleichen Krankheit zu erkennen. Das Gefühl von Niedergeschlagenheit und Hilflosigkeit geht oft einher mit körperlichen Schmerzen, die an unterschiedlichen Stellen auftreten und keine ersichtliche physische Ursache haben. Manche Betroffenen empfinden scheinbar grundlos eine unendliche Trauer und sind ständig dem Weinen nahe. Andere wiederum empfinden gar nichts außer einem Gefühl der Leere. Weil Männer in ihrer Depression oft eher aggressiv wirken, als niedergeschlagen zu sein, erkennt man männliche Depressionen oft nicht als solche.

Depressive Menschen sehen die Zukunft oft sehr pessimistisch und erleben sich, als läge eine dunkle Wolke zwischen ihnen selbst und ihrer eigenen Lebendigkeit und Lebensfreude. Sie können diese dunkle Wolke oft sogar benennen, doch nichts gegen sie tun. Hier ist es wichtig, zu verstehen: Diese dunkle Wolke IST die Depression. Sie wirkt geradezu wie ein eigenständiges Wesen, das sich über einen senkt und gegen das man nicht ankämpfen kann. Einem depressiven Menschen nutzt es nichts, wenn man ihm sagt, er solle doch zum Beispiel sehen, wie schön die Sonne scheint. Er sieht es ja. Doch zwischen ihm und dem Erlebnis der Freude liegt eben diese dunkle Wolke. Je mehr er sich mit Schönheit umgibt, desto deutlicher erkennt der Depressive die Wolke, gegen die er aus eigener Kraft nichts ausrichten kann.

Klinische Depressionen lassen sich nicht durch Willenskraft überwinden. Es ist eine Krankheit, die oft die ganze Familie in Mitleidenschaft zieht.

Als Angehöriger denkt man oft: Würde sich der Depressive ein wenig bemühen, dann könnte es ihm weitaus besser gehen. Man will ihn antreiben und macht ihm Vorwürfe, weil er sich so hängen lässt. Man wird wütend, weil man so hilflos ist. Auf die Wut folgen unweigerlich Schuldgefühle, denn man spürt ja, dass der Depressive wirklich nichts dafür kann. Er scheint zu allem, was die Welt zu bieten hat, innerlich Nein zu sagen. Nichts interessiert ihn wirklich und er hat nur eine sehr kurze Aufmerksamkeitsspanne. Man will ihn schütteln, damit er aus seiner Lethargie und dem scheinbaren Selbstmitleid erwacht. Als Angehörige sind wir mit einer existenziellen Ohnmacht konfrontiert, denn wir können nichts tun. Wir sind versucht, uns selbst aufzugeben und uns in die Dunkelheit hineinziehen zu lassen, aus lauter Verzweiflung darüber, dass wir dem geliebten Menschen nicht helfen können. Wir sind wütend auf die Krankheit und manchmal auch auf den Kranken selbst.

Wenn man mit einem (nicht behandelten) Depressiven lebt, dann bedeutet das:

- Man weiß morgens nie, ob es ein guter Tag für die Familie wird oder nicht. Und man weiß nicht, ob er oder sie noch lebt, wenn man nach Hause kommt.
- Man hält die eigenen Bedürfnisse und Gefühle weitgehend unter Verschluss, um den anderen nicht zu belasten.

- Man tut alles, um sein oder ihr Leben schön zu machen, und scheitert. Die Familie ist zum Beispiel an einem wunderschönen Ort am Meer und der Depressive steigt nicht mal aus dem Auto, um den Wind und die Wellen zu spüren. Die eigene Freude ist immer von einem Schatten überdeckt.
- Man ist oft wütend, weil man so hilflos ist, und man fühlt sich auf völlig verdrehte Weise verantwortlich für den Zustand des Kranken.
- Man versucht, dem Depressiven möglichst viel von seinen Belastungen abzunehmen, und hat Angst, ihm schlechte Nachrichten zu überbringen.
- Man teilt nur sehr selten eigene schöne Momente mit ihm, die eigenen schmerzliche Momente versucht man allein durchzustehen.
- Freunde und nicht beteiligte Angehörige versuchen einen abzulenken und einem die in ihren Augen übermäßige Fürsorge für den Kranken auszureden. Gleichzeitig hat man ein schlechtes Gewissen, wenn es einem gut geht.
- Man fühlt sich einsam, obwohl man im gleichen Raum ist wie der Depressive, und die Freunde verstehen einen meistens auch nicht. Der Depressive ist manchmal sehr abhängig von seinen Angehörigen, dann wieder ist er abweisend und in sich gekehrt. Man weiß vorher nie, ob man gerade wichtig und erwünscht ist oder ob man abgewiesen wird.
- Es kann sein, dass man sich sehr kontrolliert fühlt, weil einen der Kranke so sehr braucht. Das kann so weit gehen, dass er einem einzureden versucht, das, was man für sich selbst tut, sei unnütz und unnötig. Möglicherweise versucht der Depressive, seiner Familie deren gesunde Bedürfnisse auszureden, weil sie ihm in seiner Krankheit bedrohlich erscheinen. Und viel zu oft glaubt man ihm und unterdrückt die eigenen Bedürfnisse nach Lebendigkeit und

Freude tatsächlich. Man erlebt seine Hoffnung auf Besserung und erst recht seine Enttäuschung, wenn es ihm doch wieder schlechter geht, deutlicher als die eigenen Gefühle.

- Man kann immer weniger unterscheiden zwischen seinen eigenen Gefühlen und denen des Depressiven, bis man irgendwann gar nicht mehr weiß, was man selbst eigentlich fühlt und will. Man ist ständig auf der Hut und schaut nach Symptomen und ist mit seiner Aufmerksamkeit viel mehr beim Erkrankten als bei sich selbst.
- Man kann nachts nicht schlafen, weil man sich ständig Sorgen um seinen Angehörigen macht. Tagsüber überfordert man sich selbst, weil man den depressiven Angehörigen nicht um Hilfe bitten möchte, da diesem nicht zu viel zugemutet werden sollte und er viel Ruhe braucht.

Wer mit einem depressiven Familienmitglied zusammenlebt, muss also ständig auf der Hut sein. Depressionen sind in emotionaler Hinsicht ansteckend, weil die dunkle Wolke wie ein energetischer Vielfraß erscheint. Das klingt merkwürdig, doch wer mit einer depressiven Person zusammenlebt, weiß, dass es sich genau so anfühlt. Als Kind kann man sich dieser Depression nur dann entziehen, wenn ein gesundes Familienmitglied ganz bewusst und auch gegen den Willen des Depressiven auf das Kind aufpasst und seine Lebendigkeit und Lebensfreude ausdrücklich beschützt und fördert.

CHARLOTTES RUCKSACK

Stellen wir uns die kleine Charlotte vor. Sie hat eine depressive Mutter – dafür kann weder sie selbst noch ihre Mutter etwas. Als Kind war Charlotte lebenslustig, das sagt uns die Tatsache, dass sie sich für das Treffen einen neuen Lippenstift gekauft hat und sich erwartungsvoll zurechtmacht. Sie musste aber auch immer leise sein und sie war oft allein. Noch heute muss sie parat stehen, wenn ihre Mutter sie braucht, wir können also davon ausgehen, dass das in ihrer Kindheit genauso war.

Im Kapitel »Wie Sie Ihren Rucksack identifizieren« haben wir drei Punkte aufgeführt, die benennen, wie sich die Kindheit auf das Erwachsenendasein auswirkt. Beziehen wir diese Punkte nun auf Charlotte:

- Charlottes heutige Art zu denken aufgrund ihrer unbewussten Annahmen, die sie als Kind entwickelt hat
- Charlottes heutiges Verhalten aufgrund der emotionalen Erfahrungen in ihrer Kindheit
- Die Rückschlüsse, die Charlotte heute aufgrund ihrer kindlichen Erfahrungen zieht und nach denen sie ihr Leben ausrichtet

Das Denken: Ich bin dafür verantwortlich, dass es Mutter so gut geht, wie es möglich ist

Charlottes Grundannahme ist: Ich bin dafür verantwortlich, dass es Mutter so gut geht, wie es möglich ist. Warum denkt sie das? Weil ihre Mutter ihr das vermittelt hat. Woher wissen wir das? Sie durfte nicht mit anderen Kindern spielen, keine Freundin mit nach Hause bringen und sie durfte nicht laut sein. Ihre Mutter sorgte dafür, dass Charlotte ihre Bedürfnisse nach Lebendig-

Charlotte durfte sich aufgrund der Depression der Mutter nicht frei entfalten. Sie glaubt noch heute, ihre Lebendigkeit würde anderen Schaden zufügen.

keit und Freude unterdrückte, damit die Mutter nicht (noch mehr) leiden musste.

So verständlich das ist, so toxisch ist es auch. Charlotte konnte die Depression ihrer Mutter nicht heilen, egal, wie leise sie war. Ihr Bemühen und ihre Opfer waren nicht ganz vergeblich, sie konnte ihre Mutter sicher gut besänftigen, denn auch heute ruft die Mutter ja nach ihr, wenn es ihr nicht gut geht. Aber der Preis ist viel zu hoch. Die Mutter ist auch heute noch krank und Charlotte lebt ihr Leben nicht. Die Mutter gab die Symptome ihrer Krankheit, die Traurigkeit, die gedämpfte Lebendigkeit und die Hoffnungslosigkeit unbewusst an ihre Tochter weiter.

Charlotte glaubt heute, sie sei uninteressant, zu laut, nicht liebenswert genug, denn sie wird ja immer verlassen. Außerdem denkt sie, sie sei verantwortlich für das Wohlergehen ihrer Mutter und sie müsse immer parat stehen.

Das Verhalten: Die eigenen Bedürfnisse denen der Mutter unterordnen

Charlotte verhält sich auch heute noch so, als würde sie mit ihrer kranken Mutter zusammenleben, und sie erlaubt ihr, ständig Zugriff auf sie zu haben. Sie wehrt sich gegen diese Übernahme, indem sie sich dennoch mit Silvia trifft und Spaß zu haben versucht, doch sie lässt sich rasch entmutigen. Kleine Misserfolge wie der, dass Silvia sich nicht mehr meldet, führen dazu, dass sie sich selbst als gescheitert sieht – das ist ein Symptom der Depression. Sie verkriecht sich sofort in ihr Schneckenhaus, statt sich ihrerseits zu melden und um ein neues Treffen zu bitten.

Die selbstbestimmte Charlotte kauft sich einen neuen Lippenstift, trinkt Tee statt Wein (unterstellen wir ihr einmal, dass sie wirklich lieber Tee trinkt) und weist ihren inneren Nörgler, der ihr den Spaß verderben will, zurecht, indem sie durch ihr gedachtes »Schluss jetzt!« innerlich Partei für sich selbst ergreift. Die selbstbestimmte Charlotte ist es auch, die das Beste aus ihrer Situation zu machen versucht und sich wenigstens die Gesellschaft einer Katze erlauben möchte, wenn sie schon mit ihren Beziehungen und Freundschaften scheitert. Doch auch dieser Impuls verfliegt, weil sie sich für ihre Mutter verantwortlich fühlt.

Die Rückschlüsse: Meine Lebendigkeit, meine pure Existenz schadet anderen

Charlotte hat gelernt, dass es ihrer Mutter schadet, wenn sie laut ist. Gleichermaßen schadete es ihrer Mutter, wenn sie Freundinnen einlud, mit denen sie spielte und Spaß hatte. Der Rückschluss, den sie unbewusst zog, ist folgender: Meine Lebendigkeit schadet den Menschen, die mir nahekommen. Da Charlottes Lebendigkeit und Freude am Leben jedoch ein untrennbarer Teil ihrer selbst sind, lautet ein weiterer Rückschluss, der sich tief in ihr Unbewusstes eingegraben hat: Meine pure Existenz schadet den Menschen, die mir nahekommen.

Weil ihre Mutter überfordert war, hat Charlotte gelernt, dass sie mit allem, was sie will, braucht und zum Ausdruck bringen will, für andere schädlich ist.

Wenn die bloße Existenz eines Kindes für andere schädlich ist, dann fühlt sich das Kind in jeder Hinsicht falsch. Es kann den Schaden, den seine Existenz anrichtet, nur unter Kontrolle halten, indem es so wenig wie möglich Raum einnimmt. Das Kind schaltet seine Bedürfnisse nach Liebe, nach Lebendigkeit, nach Freude und nach Austausch auf Sparflamme und richtet sich innerlich im Mangel ein. Das Gefühl, das diesem Verhalten zugrunde liegt, ist das giftigste, das einem begegnen kann: Es ist Scham.

Das Grundgefühl: Scham

Die Scham erkennt man an folgenden Aspekten in Charlottes Verhalten:

1. Charlotte denkt darüber nach, ob sie für Silvia interessant genug ist, statt sich zu überlegen, welche Themen eigentlich sie selbst interessieren. Sie ist in Gedanken bei Silvias Wohlbefinden statt bei der Frage, ob der Abend für sie selbst anregend sein wird und was sie sich von Silvia wünscht.
2. Sie schämt sich für den Lippenstift und damit für den Wunsch, hübsch zu sein und aufzufallen. Sie geht dennoch aus dem Haus, doch die Scham hat sie schon fest im Griff und lässt sie distanzierter wirken, als sie es ist und sein will.
3. Sie meldet sich nicht bei Silvia, sondern lässt zu, dass der Kontakt einschläft, obwohl er ihr wichtig ist. Statt um ein neues Treffen zu bitten und eine Absage in Kauf zu nehmen, geht sie davon aus, dass Silvia kein Interesse an ihr hat, und verhält sich entsprechend.
4. Sie redet sich sogar ihren Wunsch nach einer Katze aus. Ihr sehr gesundes Bedürfnis nach Zärtlichkeit, Ansprache und Gesellschaft nimmt sie sehr viel weniger ernst als die Bedürfnisse ihrer Mutter, die deren Depression entspringen.

Das Verhalten, welches Charlotte als Kind gelernt hat, wird auf diese Weise immer wieder aktiviert. Und damit bekommt das Gehirn immer wieder die gleiche Information: Auch heute noch darf Charlotte nicht für sich selbst sorgen, gerade so, als wäre sie noch immer das abhängige Kind. Sie bindet sich selbst die Hände und unterdrückt ihre lebendigen, gesunden Impulse, weil sie nie gelernt hat, sich anders zu verhalten. Sie trägt das ungesunde Verhalten, das sie in ihrer Kindheit gelernt hat, mit in ihre Gegenwart und bleibt so das vom Wohlbefinden der Mutter abhängige Kind, egal, wie alt sie heute ist.

Am Ende kann man wirklich sagen: Die Depression der Mutter hat gewonnen und hält auch Charlotte fest im Griff.

JETZT SIND SIE AN DER REIHE

Nun geht es um Sie: Um zu erkennen, ob Sie an den Folgen einer depressiven Kindheitserfahrung leiden und einen ähnlichen Rucksack wie Charlotte mit sich herumschleppen, beantworten Sie bitte folgende Fragen:

- Glaube ich, dass meine Lebendigkeit andere schädigt, und bekomme ich Schuldgefühle, wenn ich laut und wild bin? Geht das so weit, dass ich mich sogar für den Wunsch, glücklich zu sein, schäme?
- Bin ich davon überzeugt, dass ich nur glücklich sein darf, wenn es auch anderen Menschen gut geht, selbst wenn ich weiß, dass das so nicht stimmen kann?
- Fühle ich mich weit über Gebühr verantwortlich für das Wohlergehen anderer Menschen und verausgabe ich mich für andere?
- Vermeide ich es, erfolgreich und glücklich zu sein, weil mir diese Freude sowieso gleich wieder genommen wird oder weil mir Schuldgefühle eingeredet werden, wenn es mir gut geht?
- Ziehe ich bedürftige und schwache Menschen wie magisch an und plane ich mein Leben mit einem übergroßen Augenmerk auf die Bedürfnisse anderer?
- Bin ich manchmal scheinbar grundlos wütend auf diejenigen, für die ich mich aufopfere?

Eine Depression kann ganz unterschiedliche Symptome und Auswirkungen haben, doch immer kostet sie alle Beteiligten sehr viel Energie. Sorge, Trauer und Wut wechseln sich ab und oft genug entwickeln die Angehörigen ungesunde Verhaltensweisen, um den inneren Druck auszuhalten. Man versucht vergeblich, die unermesslich schweren Lasten des Kranken zu tragen, wechselt in die Mutter- oder Vaterrolle, auch wenn man das Kind ist. Für die Angehörigen von Depressiven ist es überlebensnotwendig, dass sie erkennen: Sie sind genauso in Not.

Egal, wie sich die Depression eines Elternteiles äußert, sie beeinträchtigt das Leben eines Kindes sehr, wenn das Kind nicht bewusst geschützt wird.

Der schwere Rucksack des Kindes narzisstischer Eltern

Kommen wir nun zu Silvia, Tochter eines narzisstischen Vaters. Bevor wir ihre Verhaltensmuster näher betrachten, schauen wir uns an, was einen Narzissten ausmacht und warum bei all der Faszination eine Beziehung mit ihm toxisch ist.

ÜBER NARZISSMUS

Stellen wir uns ein Kind vor. Dieses Kind wird emotional stark vernachlässigt, permanent verletzt und beschämt, vielleicht auch sexuell missbraucht. Es erfährt auf jeden Fall Gewalt: emotional, physisch, sexuell. Es wird niedergemacht und erlebt dauerhaft, dass es völlig hilflos ist. Es gibt nur eines, das es schützt: die Fantasie, dass es in Wahrheit ein unbesiegbarer Held ist. Dieses Kind rettet sich in eine Welt, in der es glänzt und strahlt, in der es alles kann und alles weiß. Es ist, als spiele dieses Kind innerlich ein Computerspiel, in dem es Superman oder Superwoman verkörpert: Der narzisstische Superheld ist geboren.

Der narzisstische Superheld, ob männlich oder weiblich, ist grandios und unbesiegbar. Möglicherweise ist er auch grandios verletzt – in jedem Fall zeigt er sich grandios. Er glaubt, in fast allem besser zu sein als alle anderen, und manchmal stimmt das sogar. Der Narzisst tut alles, um die Kontrolle über das zu behalten, was in seinem Umfeld passiert. Er kontrolliert die Geschehnisse und die Menschen, das, was sie denken, was sie fühlen und was sie tun. Dabei greift manch einer zu Gewaltanwendung, körperlich, auf jeden Fall aber emotional. Er nutzt Beschämung, um recht zu haben und um die Kontrolle über den anderen zu behalten. Betet man den Narzissten an, darf man an seinem Glanz teilhaben. Tut man das nicht, wird man verbannt. Er macht sich seine Welt, wie sie ihm gefällt. Wenn andere das »Lügen« nennen, dann ist das nicht sein Problem.

Das verletzte Kind verschwindet vollkommen hinter seiner Stück für Stück aufgebauten goldglänzenden Rüstung. Diese Rüstung schimmert so wunderschön, dass sie alle Menschen blendet, auch das Kind selbst. Es glaubt an seine Großartigkeit. Es muss daran glauben, sonst würde es nicht überleben. Ein Narzisst stirbt lieber, statt sich dem zu stellen, was er wirklich fühlt, und auch das geschieht nicht freiwillig. Er hat sich so gründlich von sich selbst abgespalten, dass er, egal, wie tief er auch in sich schürfen mag (auch Selbstreflexion kann man narzisstisch betreiben …), nicht an das echte verletzte innere Wesen herankommt.

Das bis ins Mark beschämte und verletzte Kind rettet sich in seine Superheldenwelt, damit es überlebt, und findet nicht mehr heraus.

Wir dürfen einem Narzissten voller Mitgefühl begegnen, doch wir sollten uns auf keinen Fall in seinen goldschimmernden Bannkreis begeben oder gar von diesem Glanz profitieren wollen. Sein Charisma wird nicht von Herzenswärme und Berührbarkeit gespeist, selbst wenn es sich so anfühlen mag, sondern von seinem eigenen unerschütterlichen, weil notwendigen Glauben an seine Grandiosität. Ein Narzisst breitet eine Art falscher und sehr verführerischer Aura um sich aus. Sie strahlt und verspricht Großartiges, manchmal hält sie es sogar. Doch der Preis, den man zahlt, ist hoch: Die Währung, die ein Narzisst fordert, damit man sich in seiner Strahlkraft sonnen darf, ist die eigene Selbstbestimmung, die eigene Wahrheit und am Ende auch die eigene Würde. Das Schimmern der Sonne, die er zu sein scheint, täuscht nur darüber hinweg, dass sich in seinem Inneren ein schwarzes Loch befindet. Dieses schwarze Loch hat eine schier unendlich starke Anziehungskraft und saugt jedes Gefühl, das man ihm entgegenbringt, ein, ohne dass es dadurch auch nur ein winziges bisschen kleiner wird.

Das Perfide ist: Als empathische Menschen spüren wir die immense Verletzlichkeit des Narzissten. Wir fühlen das Kind, das er einst war und das so sehr in Not ist. Wir wollen es retten. Doch selbst wenn ein Narzisst das scheinbar erlaubt, so wird er uns spätestens dann, wenn wir ihn wirklich berühren, von sich stoßen, oft unvermittelt und hart. Wir können unsere ganze Kraft, Liebe und unser Mitgefühl aufbringen, um den Narzissten zu berühren, doch wir werden, ja wir müssen scheitern. Narzissten sind unberührbar. Sie können es sich nicht leisten, sich berühren zu lassen. Das, was sie dann fühlen müssten, wäre nicht zu ertragen. Egal, wie sehr man glaubt, dass man ihm nahe ist: Es stimmt nicht. Narzissmus ist keine Verhaltensweise, die man ablegen kann, sondern ein unermesslich tief sitzender Schutzmechanismus, der das tödlich getroffene Kind im Inneren schützt. Dabei geht es dem Narzissten nicht schlecht. Er wundert sich nur, warum die Welt ihn nie wirklich versteht. Doch das kann sie auch gar nicht, tröstet er sich rasch, er ist eben grandios und damit einsam …

Mitleid mit einem Narzissten, sosehr er auch unsere Liebe verdient hat, ist toxisch, denn er wird uns niemals erlauben, ihn zu berühren. Wirklich nicht. Wir werden massiv beschämt und verletzt, wenn wir ihm zu nah kommen. Er verdreht unser Denken und unser Fühlen, wenn wir nicht aufpassen, so, wie er sein eigenes Denken und Fühlen verdreht hat. Verdrehen musste. Er kann nicht anders, doch das macht ihn nicht weniger toxisch.

Die toxische Mischung aus Mitleid und Anbetung, die man dem Narzissten entgegenbringt, macht süchtig.

Es gibt unterschiedliche Arten von Narzissten: den verdeckten und den offenen. Offene strahlen und leuchten, sie stellen sich selbst in den Mittelpunkt. Verdeckte Narzissten haben hingegen ein niedriges Selbstwertgefühl und versuchen, sich selbst besser zu fühlen, indem sie andere Menschen abwerten. Sie sind häufig äußerst charmant und gleichzeitig sehr empfindsam und verletzt. Ein besonderes Merkmal von verdeckten Narzissten ist, dass sie keine Verantwortung für ihr eigenes Unglück übernehmen. Sie fühlen sich verkannt und missverstanden. Dadurch sind sie unterschwellig äußerst wütend. Ein verdeckter Narzisst verwickelt einen anderen in sein Unglück und man ist bereit, ihm über Gebühr zu helfen. Man hofft, wenn es diesem so einzigartigen und wunderbaren Menschen endlich besser geht, darf man an seiner Seite glücklich sein. Diese Hilfe nutzt allerdings nie wirklich etwas, denn die Hilflosigkeit ist das Zaubermittel, mit dem der verdeckte Narzisst andere Menschen um sich schart.

SILVIAS RUCKSACK

Die kleine Silvia war ein unkompliziertes Mädchen, das wissen wir, weil sie sich mit nachlässig gekämmten Haaren und in Jeans und Pulli am wohlsten fühlt. Sie wuchs in einem Umfeld auf, in dem sie niemals glänzen konnte. Was immer sie tat, ihr narzisstischer Vater wertete sie ab und beschämte sie. War sie nicht gut, erntete sie Verachtung und Missbilligung. War sie gut, relativierte der Vater ihre Erfolge und stellte sich über sie oder heimste ihre Lorbeeren als seine ein. Sie konnte nicht gewinnen, wie sie sich auch verhielt. Am Ende wurde sie immer verletzt, ihrer Erfolge beraubt oder durch Kälte und Liebesentzug bestraft.

Im Kapitel »Wie Sie Ihren Rucksack identifizieren« haben wir drei Punkte aufgeführt, die benennen, wie sich die Kindheit auf das Erwachsenendasein auswirkt. Beziehen wir diese Punkte nun auf Silvia:

- Silvias heutige Art zu denken aufgrund ihrer unbewussten Annahmen, die sie als Kind entwickelt hat
- Silvias heutiges Verhalten aufgrund der emotionalen Erfahrungen in ihrer Kindheit
- Die Rückschlüsse, die Silvia heute aufgrund ihrer kindlichen Erfahrungen zieht und nach denen sie ihr Leben ausrichtet

Das Denken: Ich bin niemals gut genug

Silvias Grundannahme ist: Ich bin niemals gut genug. Warum denkt sie das? Weil ihr Vater ihr das vermittelt hat. Woher wissen wir das? Sie ist erleichtert, weil sie mit Charlotte keine scharfsinnigen Debatten führen muss, bei denen sie am Ende doch den Kürzeren zieht. Sie bekommt nur dann die Aufmerksamkeit ihres Vaters, wenn sie sich ihm als würdig erweist, indem sie fast genauso strahlt und glänzt wie er. Aber eben nur fast.

Letztlich ging es dem Vater immer darum, sein eigenes Licht durch ihre Aufmerksamkeit zu nähren, seine eigenen Argumente hervorzubringen und einem gedachten oder vorhandenen Publikum seinen eigenen Scharfsinn zu beweisen. Je erfolgreicher sie ist, desto wertvoller ist sie für ihn als »Sparringspartner« und desto mehr kann er selbst glänzen, indem er sich als besser erweist. Sie kann nicht gewinnen, das wird ihr Vater nicht erlauben. Silvia erhofft sich das Lob und die Anerkennung ihres Vaters, sie sehnt sich auch heute noch danach, dass er stolz auf sie ist. Womöglich ist er das sogar, doch das wird sie nie erfahren.

Das Verhalten: Ich muss mich beweisen / habe Angst vor Ablehnung

Für Silvia ist jeder Mensch zunächst jemand, dem sie beweisen muss, dass sie kompetent ist. Gleichzeitig überhöht sie ihr Gegenüber ungeprüft. Sie hält Charlotte für eine »tolle Frau«, obwohl sie sie zu dem Zeitpunkt kaum kennt. Charlotte scheint ihr Bedürfnis nach einer echten Freundschaft erfüllen zu können, und das mag stimmen, diese Annahme könnte jedoch auch ein wenig vorschnell sein. Immerhin ist es Silvia bewusst, dass sie sich nach einer Freundschaft sehnt, in der sie sich berührbar zeigen darf. Sie erlaubt sich sogar, sich nicht schick zu machen, weil sie sich bei Charlotte sicher fühlt. Doch beim geringsten Anschein von Zurückweisung oder jener Herzenskälte, die sie von ihrem Vater kennt, zieht sie sich zurück.

Nun besticht sie durch Wissen und verlässt die emotionale Ebene der Freundschaft. Statt echten Kontakt zu Charlotte herzustellen, indem sie Charlotte fragt, was gerade in ihr vorgeht, akzeptiert sie die Rolle, die ihr ihre eigene Angst vor Ablehnung zuweist. Sie beginnt, Leistung zu erbringen. Sie ist später nicht in der Lage, den Abend auf gesunde Weise zu reflektieren, sondern spaltet sich von allem, was Charlotte in ihr ausgelöst hat, positiv wie negativ, ab. Silvia ist mit ihrem Versuch, eine positive emotionale Beziehung zu ihrem Vater aufzubauen, zu oft gescheitert, und so probiert sie es erst gar nicht mehr.

Die Rückschlüsse: Ich werde beschämt, egal, was ich tue

Von ihrem Vater hat Silvia gelernt, dass sie sein Verhalten ihr gegenüber auf gewisse Weise steuern kann, wenn auch zu einem hohen Preis: Wenn sie sich in seinen Augen dumm benimmt oder sich ihm entgegenstellt, wird sie beschämt und verliert den Kontakt zu ihm. Wenn sie sich seinen Forderungen an sie und Vorstellungen von ihr anpasst, wird sie auch beschämt, doch er bleibt in Verbindung zu ihr. Egal, was sie tut, er reagiert immer mit vernichtender Geringschätzung, daher kann sie sich nicht vorstellen, dass irgendetwas an ihr in Ordnung oder gar gut sein könnte.

Schon als sie klein war, hat er sie immerzu negativ bewertet und er tut es auch heute noch, denn sie lebt immer noch in seinem narzisstischen Bannkreis. Sie passt sich dem an, was ihr Vater von ihr verlangt, auch in Lebensbereichen, in denen er nicht anwesend ist. Gleichzeitig beschützt sie sich emotional vor der unweigerlich folgenden Beschämung, indem sie für ihn und nach und nach auch für andere unerreichbar bleibt. Sie bestätigt sich immer wieder diese Rückschlüsse: Ich werde unweigerlich beschämt und niedergemacht, egal, was ich tue. Ich muss mich vor dieser Beschämung schützen. Damit ich Kontakt zu anderen Menschen habe und nicht einsam bin, muss ich funktionieren. Ich bin falsch, sonst würde mich mein Vater ja nicht ständig niedermachen. Wenn ich mich von mir selbst abspalte, geht es mir besser. Ich eigne mich nicht für eine Freundschaft.

Silvia richtet sich in allem, was sie tut, an ihrem narzisstischen Vater aus, dem sie es aber nie recht machen kann.

Das Grundgefühl: Scham

Die Scham erkennt man an folgenden Aspekten in Silvias Verhalten:

1. Silvia zieht sich auf der Stelle in ihr Schneckenhaus zurück, als Charlotte nicht so herzlich auftritt, wie Silvia sich das erhofft, und sie unterstellt ihr Ablehnung.
2. Sie wirft sich selbst vor, sich nicht schicker angezogen zu haben, obwohl sie sich genau so am wohlsten fühlt. Sie glaubt, sie wäre nicht gut genug für Charlotte.
3. Sie rettet sich in ihre emotionale Schutzzone, indem sie über ein unpersönliches Thema spricht und ihre Klugheit

zur Schau stellt, statt einen emotionalen Kontakt zu Charlotte herzustellen.

4. Sie kappt die Verbindung zu Charlotte radikal, weil sie glaubt, Charlotte hätte sie sowieso bereits verlassen.

Silvia bestätigt sich, dass sie nur dann emotional in Sicherheit ist, wenn sie ihre Beziehungen auf unpersönlicher, intellektueller Ebene führt, so, wie sie das durch ihren Vater gelernt hat. Einmal mehr spaltet sie sich von ihrer Sehnsucht nach echten, berührenden Beziehungen ab. Doch warum kappt sie die Beziehung zu Charlotte, statt zu versuchen, diese zu beeindrucken und ihr doch noch eine emotionale Reaktion zu entlocken, indem sie bei erneuten Treffen um sie wirbt, wie sie das bei ihrem Vater tut? Wir können das als ersten Impuls verstehen, der aus dem Schmerz der vermeintlichen Ablehnung resultiert: Wenn sie sich abgelehnt fühlt, dann lehnt sie im Gegenzug noch mehr ab. Gleichzeitig schiebt sie durch das Löschen der Telefonnummer ihren eigenen zukünftigen Versuchen, Charlotte zu umwerben, einen Riegel vor. Sie schützt sich vor ihrer eigenen Bedürftigkeit und nimmt sich und Charlotte damit jede Chance auf eine Aussprache.

JETZT SIND SIE AN DER REIHE

Nun geht es um Sie: Ob Sie an den Folgen einer narzisstischen Kindheitserfahrung leiden und einen ähnlichen Rucksack wie Silvia mit sich herumschleppen, finden Sie heraus, wenn Sie die folgenden Fragen beantworten:

- Verspüre ich schmerzliche, unabweisbare Sehnsucht nach einem bestimmten Menschen, auch dann, wenn ich weiß, dass er mir schadet?
- Wurde ich oft beschämt und erlaube ich es auch heute noch, beschämt zu werden?
- Zweifle ich sehr rasch an meiner eigenen Wahrnehmung und setze das, was ein anderer sagt, an die erste Stelle, selbst dann, wenn es mich selbst betrifft?
- Halte ich die Bedürfnisse und Gefühle anderer grundsätzlich für wichtiger als meine eigenen, selbst dann, wenn das objektiv betrachtet keinesfalls zutrifft?
- Messe ich das Gefühl für meinen eigenen Wert an dem Grad der Aufmerksamkeit anderer mir gegenüber? Bin ich anderen Menschen deshalb eher zu Diensten, statt eigene Wünsche zu äußern?
- Neige ich dazu, andere (das kann sich auch auf eine bestimmte Personengruppe oder ein bestimmtes Geschlecht beziehen) anzuhimmeln, statt ihnen auf Augenhöhe und bei Bedarf auch kritisch zu begegnen?

Wenn wir in einem narzisstisch geprägten Elternhaus aufgewachsen sind, dann entwickeln wir ein Verhalten, das man als co-narzisstisch bezeichnet. Wir himmeln bestimmte Personengruppen an, obwohl wir das nicht wollen. Doch wir kennen es nicht anders. Wir haben uns immer nur als »Fans« unserer Eltern erlebt, nie als Kinder, die etwas brauchen und etwas wollen dürfen und die das Recht haben, anders zu sein, als ihre Eltern es sich wünschen. Der narzisstische Elternteil reagierte mit Liebesentzug, mit Beleidigtsein, eventuell gar mit Gewalt und Distanziertheit, wenn wir uns nicht so verhielten, wie er das wollte. So haben wir schmerzlich gelernt, es anderen recht zu machen, und fungieren auch heute als Cheerleader, die anderen zujubeln, statt gleichberechtigte Partner zu sein. Oder wir verweigern uns ganz, weil wir nicht mehr ausgenutzt werden wollen.

Der schwere Rucksack des Kindes co-narzisstischer Eltern

In diesem Kapitel schauen wir auf Jan, den Sohn einer co-narzisstischen Mutter. Doch lesen Sie zunächst, was einen Co-Narzissten kennzeichnet.

ÜBER CO-NARZISSMUS

Wir erinnern uns: Um als Kind emotional reifen zu können, braucht man eine positive emotionale Reaktion, einen positiven Spiegel. Andernfalls erkennt man nicht, wer man selbst ist, weil das kindliche Gehirn noch nicht in der Lage ist, zwischen dem Selbst und der Außenwelt zu unterscheiden.

Das Kind eines Narzissten ist seiner eigenen emotionalen Identität beraubt.

Das Kind eines Narzissten bekommt diese positive emotionale Reaktion nur dann, wenn es dessen eigenes Selbstbild bestätigt und stärkt. Schwächt es dagegen die Stellung des Narzissten, wird das Kind massiv beschämt, verlassen und abgewertet. Wenn es die Aufmerksamkeit des versorgenden Narzissten verliert, gerät es in existenzielle Not. Das Leben eines Kindes hängt davon ab, dass es bemerkt wird, denn sonst wird es nicht mehr versorgt. Das weiß das Gehirn und richtet sämtliche Antennen darauf aus, zu erspüren, was der Narzisst braucht, damit sich das Kind entsprechend verhalten kann.

An der Stelle, an der ein Kind sich selbst fühlen und sich selbst wichtig sein sollte, darf und auch muss, lebt der narzisstische Elternteil. Es ist, als greife der Narzisst in das Innere des Kindes und setzte ein Teil von sich an die Stelle, an der das Kind sich selbst fühlen sollte. Und so glaubt das Kind zwar, es fühle sich selbst, doch in Wahrheit fühlt es nur die Bedürfnisse des Narzissten, von dem es als Kind abhängig ist.

Wollte man es dramatisch ausdrücken, könnte man sagen, der Narzisst »besetzt« den Co-Narzissten mit seinen eigenen unstillbaren Bedürfnissen nach immerwährender Aufmerksamkeit. Tatsächlich drücken Co-Narzissten das häufig so aus: Sie fühlen sich wie besessen und besetzt.

Der Narzisst wird also das Kind nutzen, um sich selbst gut zu fühlen. Er kann nicht anders, das liegt in seiner toxischen Natur. Dafür bekommt das Kind seine volle Aufmerksamkeit und darf sich im Glanz seiner Liebe sonnen und sicher fühlen – zumindest ab und zu. Doch das Kind darf nicht zu sicher werden, denn sonst würde es aufhören, so bedingungslos zu geben. Es wird also immer in einer gewissen Angst gehalten, den geliebten und angebeteten Narzissten zu verlieren. Es bekommt ständig widersprüchliche Botschaften: »Ich habe dich sehr lieb, du bist mir das Wichtigste«, sagt der Narzisst, doch sein Verhalten signalisiert etwas völlig anderes. Das Kind weiß nicht, ob es dem glauben soll, was es wahrnimmt, oder dem, was der Narzisst sagt. Es nimmt sich eher von außen wahr, als »in sich selbst« zu sein. Es fühlt sich nur noch über das, was andere ihm über sich selbst sagen.

Co-Narzissmus ist zu erkennen an einer unabweisbaren, überwältigenden Sehnsucht nach dem Menschen, der einem in Wahrheit so sehr schadet. Man könnte das für Liebe halten, doch die überwältigende Sehnsucht nach einem Menschen, der uns schadet, ist der »Suchtdruck« des Co-Narzissmus. In Wahrheit sehnt man sich nach sich selbst. Natürlich kann man auch sehr starke Sehnsucht nach einem Menschen haben, den man liebt und vermisst, doch dabei verliert man sich nicht.

Weil ein Co-Narzisst seine eigene Not beinahe ebenso massiv verdrängt wie der Narzisst seine Scham, ist es schwierig, sich selbst auf die Spur zu kommen. Hier sind ein paar Verhaltensweisen, anhand derer man den eigenen Co-Narzissmus entlarven kann:

- Die eigenen Gefühle sind sehr stark von der Stimmung des anderen abhängig.
- Das eigene körperliche Empfinden ist für die Stimmungen des narzisstischen Gegenübers sensibilisiert und man fühlt sich deswegen oft ausgelaugt.
- Man richtet sein Leben bewusst oder unbewusst nach dem anderen aus und traut sich nicht, eigenen Impulsen zu folgen.
- Man hat das Gefühl, dass etwas nicht stimmt. Die innere Stimme meldet sich warnend zu Wort und man ist ständig damit beschäftigt, sie zu ignorieren und sich seine Empfindungen auszureden.
- Das, was die narzisstische Person sagt, ist ganz anders als das, was man selbst sieht oder wahrnimmt. Weil man aber so sehr verlernt hat, sich selbst zu trauen, tut man sein ungutes Gefühl ab.
- Spricht man den Narzissten auf dessen Verhalten an, wird man beschämt und bewertet. »Das bildest du dir nur ein« oder »Du wieder mit deinen Ideen« sind typische Antworten. Als Co-Narzisst ist man sehr geneigt, dem Narzissten zu glauben.

In der Beziehung mit einem Narzissten gibt es ein ganz bestimmtes Muster: Zuerst wird man mit Liebe überschüttet und ist für den Narzissten das Wichtigste. Man ist der Mensch, der ihn retten kann und der ihn am allerbesten versteht. Das nennt man »Lovebombing«. Sobald einen der Narzisst an der Angel hat, wird man abgewertet, subtil oder deutlich, denn der Narzisst kann niemanden auf Augenhöhe neben sich ertragen. Er gibt die Scham, derer er sich selbst nicht bewusst ist, an sein jeweiliges Gegenüber weiter. Weil man selbst so überwältigt davon ist, wie sehr einem der strahlende, grandiose oder auch der verdeckte, aber ebenso strahlende Narzisst das Gefühl gibt, einzigartig zu sein, bemerkt man diese Abwertung nicht. Sie wird in kleinen, aber äußerst toxischen Dosen verabreicht, verpackt mit einem Kompliment, einem Lächeln oder einer freundlichen Geste. Und so entwickelt man sich langsam, aber sicher zum Co-Narzissten.

Die eigenen Wunden der Kindheit und die daraus entstandene emotionale Bedürftigkeit sorgen dafür, dass man die Abwertung unbewusst in Kauf nimmt, wenn man dafür vom Narzissten scheinbar geliebt wird.

Die Abwertung ist nicht gleich ersichtlich und dringt gerade deshalb sehr tief ins Unterbewusste des Co-Narzissten ein. Sie ist so verzuckert, dass der emotionale Geschmackssinn sie nicht als Beleidigung und Abwertung erkennt. Sie ist, bildlich gesprochen, eine wunderhübsche rot glitzernde Karokarte mit spitzen Ecken. Die Ecken sind zusätzlich mit einem Nervengift, der Beschämung, vergiftet. Dadurch lähmt der Narzisst sein Gegenüber und verhindert, dass dieses sich selbst fühlt. Auf diese Weise umgeht der Narzisst den gesunden Widerspruchsgeist und den gesunden Rückzug.

Man kann Co-Narzissmus ebenso wie Co-Abhängigkeit, auf die wir später eingehen, als emotionale Suchterkrankung bezeichnen. Die Droge, nach der die Betroffenen verlangen, ist der

angebetete und oft zugleich verhasste Narzisst. Wenn sie versuchen, sich von dem Narzissten fernzuhalten, leiden sie unter massiven Entzugserscheinungen, in diesem Fall überwältigender Sehnsucht.

JANS RUCKSACK

Kommen wir nun zu Jan. Er hört sich jeden Tag zu jeder Zeit die Probleme seiner Mutter an, die immer wieder die Anerkennung der narzisstischen Großmutter erheischen möchte. Jan versucht, ihr das Gefühl zu geben, auch sie, nicht nur die Großmutter, sei wichtig, und reagiert reflexartig helfend. Auch er selbst ist in eine emotionale Suchtschleife geraten: Er gleicht das ungesunde co-narzisstische Verhalten seiner Mutter aus, obwohl er spürt, dass ihm das schadet. Gleichzeitig hat er keine Kontrolle darüber, wie er sich selbst verhält. Ernst gemeinte Hilfsangebote wehrt er ab und er reagiert unwirsch, wenn ihn jemand auf sein Verhalten anspricht.

Im Kapitel »Wie Sie Ihren Rucksack identifizieren« haben wir drei Punkte aufgeführt, die benennen, wie sich die Kindheit auf das Erwachsenendasein auswirkt. Beziehen wir diese Punkte nun auf Jan:

- Jans heutige Art zu denken aufgrund seiner unbewussten Annahmen, die er als Kind entwickelt hat
- Jans heutiges Verhalten aufgrund der emotionalen Erfahrungen in seiner Kindheit
- Die Rückschlüsse, die Jan heute aufgrund seiner kindlichen Erfahrungen zieht und nach denen er sein Leben ausrichtet

Das Denken: Ich bin dafür verantwortlich, dass meine Mutter gehört wird. Und: Männer sind das Letzte

Jans Grundannahmen sind: Ich bin dafür verantwortlich, dass meine Mutter gehört wird. Und: Männer (also auch er selbst) sind das Letzte. Warum denkt er das? Das wird ihm von seiner Mutter jeden Tag vermittelt und er glaubt ihr. Woher wissen wir das? Sie ruft ihn jeden Tag mehrmals an, obwohl sie weiß, dass sie ihn bei der Arbeit stört. Sie wünscht sich, dass ihr Sohn ihr gibt, was sie weder von ihrer Mutter noch von ihrem Mann, Jans Vater, bekommt: Aufmerksamkeit, Anerkennung, Hilfe in ihrer emotionalen Not.

Toxisch für Jan ist, dass er selbst nicht in der Lage ist, Grenzen zu setzen und zu wahren. Er erlaubt seiner Mutter gegen besseres Wissen, ihn in Teilbereichen an die Stelle seines Vaters zu setzen: »Der versteht das nicht«, sagt sie, als wäre das Jans Schuld. Jan lässt sich aufgrund der falsch verstandenen Verantwortung für seine Mutter massiv unter Druck setzen. Dass er weiß, wie ungesund sein Verhalten ist, und er es dennoch mit dem bloßen Willen nicht ändern kann, verstärkt den Druck.

Es gibt ein eindeutiges Anzeichen dafür, dass er selbst in einer emotionalen Suchtschleife gefangen ist: die Schuldgefühle, die auftreten, wenn er Grenzen setzen möchte.

Das Verhalten: Keine Grenzen setzen und sich nicht helfen lassen

Jan verhält sich auf sehr schädliche Weise unprofessionell, weil er seiner Mutter keine Grenzen setzen kann. Er lässt sich von ihr unter Druck setzen, indem er seine eigene Not verleugnet, obwohl er es besser weiß. Er zeigt ein sehr typisches Merkmal aller, die in einer emotionalen Suchtschleife gefangen sind: Er leugnet seine Schwierigkeiten, selbst dann noch, als er offensichtlich überreagiert. Er schützt sein eigenes ungesundes Verhalten und verharmlost seine Not, die durch die Probleme seiner Mutter ausgelöst wird. Er setzt seine berufliche Laufbahn aufs Spiel, um seiner Mutter zu geben, was sie vermeintlich braucht. Er grollt, ist wütend und lässt diese Wut an genau dem Menschen aus, der ihn verstehen könnte und der für ihn da ist. Statt Dominiks Hilfe anzunehmen, nutzt er ihn aus und bindet ihn somit in das ungesunde System ein.

Jan beutet sich selbst aus, um seine Mutter zu retten, und zieht andere in den dadurch entstehenden Strudel aus Überforderung und emotionalem Stress.

Noch einmal, weil es so typisch für dieses toxische Beziehungsmuster ist: Jan schafft aufgrund seiner eigenen ungesunden Beziehung zu seiner Mutter seine Arbeit nicht und wird wütend. Statt sich dabei helfen zu lassen, sein Verhalten zu ändern, gibt er sowohl seine Arbeit als auch die Wut weiter. Er entlastet sich also auf Dominiks Kosten und sorgt auf diese Weise dafür, dass er sein Verhalten nicht ändern muss – genau wie seine Mutter.

Die Rückschlüsse: Meine eigenen Bedürfnisse gelten nichts

Jan hat von seiner Mutter gelernt: Männer taugen nichts und Frauen sind hilflos oder aber missbräuchlich wie die Großmutter. Der Vater, ihr Mann, versteht sie nicht in ihrer Not, sie selbst ist nicht in der Lage oder nicht bereit, sich ihr eigenes Verhalten anzuschauen. Jan soll nun also ihr Retter sein. Gleichzeitig ist er ein Mann und kann in den Augen der Mutter und damit auch in seinen eigenen Augen nur dann etwas taugen, wenn er sich anders verhält als sein Vater. Er hat gar keine Chance, irgendetwas richtig zu machen, will er sich nicht völlig verleugnen. »Sei anders als dein Vater« ist eine äußerst ungesunde Botschaft für einen Jungen, denn welches Vorbild sollte er sonst haben?

Jan ist in seiner erlernten Vorstellung nur dann ein brauchbarer Mann, wenn er das, was ihm wichtig ist und wofür er brennt, nämlich seine berufliche Laufbahn, an zweite Stelle setzt. Doch gerade die Abwertung dessen, wofür er seine volle Kraft einsetzen will, schwächt sein eigenes männliches Empfinden. Er muss sein inneres Feuer der Begeisterung, welches das männliche Selbstwertgefühl maßgeblich mitbestimmt, eindämmen und für seine Mutter da sein, ohne ihr wirklich professionell helfen zu dürfen. Damit setzt er seine eigene Identität aufs Spiel. Jan riskiert seine positive Beziehung zu sich selbst und auch die zu Dominik, um die ungesunden Anteile der Beziehung zu seiner Mutter nicht zu gefährden. Das nennt man Co-Abhängigkeit (mehr dazu ab Seite 77).

Das Grundgefühl: Scham

Auch hier regiert die Scham. Sie zeigt sich besonders im Ärger, den Jan empfindet.

- Als Dominik mit dem Champagner sein Büro betritt, reagiert Jan automatisch mit einer emotionalen Abwehrbewegung. Er verschließt sich reflexartig, wie das sehr beschämte Menschen tun.
- Als Dominik ihn auf das zehnjährige Jubiläum ihrer gemeinsamen Praxis anspricht, ist Jan weiterhin unwirsch und abwehrend. Er projiziert sein Gefühl von Unzulänglichkeit, den Auslöser der Scham, auf Dominik und macht ihm insgeheim Vorwürfe.
- Jan reagiert passiv-aggressiv: Obwohl er explizit um Hilfe gebeten hat, ärgert er sich, als Dominik dem Satz »Ich brauche Hilfe« zustimmt. Eine gesunde Reaktion wäre es, dankbar dafür zu sein, dass sein Kollege und Freund ihn wahrnimmt und respektiert.
- Jan projiziert erneut seine eigene Scham auf Dominik. Der ist viel zu empfindlich, denkt er, als er dessen Verstimmung

bemerkt, und statt ihn darauf anzusprechen, tut er, was beschämte Menschen tun: Er zieht sich zurück und schmiedet Fluchtpläne. Er will lieber die gemeinsame Praxis, seine Lebensgrundlage, aufgeben, anstatt sich der Aussprache mit Dominik zu stellen.

Dies sind typische Anzeichen dafür, dass Jan auf co-abhängige Weise reagiert: Er hat Schuldgefühle, wenn er sich um sich selbst kümmert statt um seine Mutter. Er vernachlässigt seine Praxis und sein eigenes emotionales Wohlbefinden. Damit ist er fester Bestandteil des toxischen Systems.

Jan befindet sich in einer emotionalen Zwickmühle, die typisch ist für die Co-Abhängigkeit: Egal, was er tut, er lässt immer jemanden im Stich, sich selbst oder seine Mutter.

Wie konnte das passieren, obwohl er doch selbst Psychologe ist und täglich mit solchen Themen zu tun hat? Dass Jan in diesem toxischen System steckt, obwohl er es besser weiß, beweist nur, wie stark dies ist. Es genügt nicht, zu wissen, dass man einen Rucksack mit ungesunden Verhaltensweisen mit sich herumschleppt. An Jans Beispiel erkennen wir, wie tief die alten Verhaltensweisen sitzen und wie machtvoll sie sind.

JETZT SIND SIE AN DER REIHE

Nun geht es um Sie: Ob Sie an den Folgen einer co-narzisstischen Kindheitserfahrung leiden und einen ähnlichen Rucksack wie Jan mit sich herumschleppen, erkennen Sie, indem Sie sich die folgenden Fragen stellen:

- Bekomme ich starke, unabweisbare Schuldgefühle, wenn ich mich nicht um den Menschen kümmere, der etwas von mir braucht?
- Halte ich meine eigenen Bedürfnisse für deutlich weniger wichtig als die anderer Menschen?
- Werte ich das, was ich brauche, ab und nehme mich selbst nicht ernst, obwohl ich spüre, dass es mir nicht gut geht?
- Kann ich nicht Nein sagen, wenn jemand meine Hilfe braucht, auch dann nicht, wenn sich alles in mir voller Groll zusammenzieht? Beschwichtige ich mich selbst und finde Ausreden dafür, warum es nicht so schlimm ist, doch rasch für den anderen da zu sein?
- Nehme ich mir vor, ab morgen endlich auf mich zu hören, und gerate doch immer wieder in die gleichen selbstausbeuterischen Verhaltensmuster?
- Habe ich insgeheim Sorge, mein Leben könnte mir entgleiten, weil ich mich durch die Bedürfnisse anderer kontrollieren lasse?

Wenn wir in einem co-narzisstisch geprägten Elternhaus aufgewachsen sind, dann entwickeln wir ein Verhalten, das man als co-abhängig bezeichnet. Unsere eigenen Bedürfnisse nach Sicherheit, Liebe, Geborgenheit, nach Abenteuer, nach Bestätigung und nach dem Recht, die eigenen Grenzen verteidigen zu dürfen, wurden uns gründlich ausgeredet. Wir haben gelernt, dass unsere Bedürfnisse weitaus weniger wichtig sind als die des offiziell Bedürftigen in unserer Familie. Das ist der, um den alles kreist: der Co-Narzisst.

Heute schämen wir uns dafür, dass wir überhaupt etwas brauchen oder dass wir Grenzen haben. Wir fühlen nur noch ganz schwach unsere eigenen Bedürfnisse, während die anderer wie Donnerschläge durch unser Bewusstsein hallen.

Der schwere Rucksack des Kindes süchtiger Eltern

In diesem Kapitel befassen wir uns mit Dominik, dem Sohn suchtkranker Eltern. Zunächst schauen wir uns an, wie sich Sucht und Co-Abhängigkeit in einer Familie auswirken.

ÜBER SUCHT UND CO-ABHÄNGIGKEIT

Eine Sucht entsteht aus dem Versuch, einen starken emotionalen Konflikt oder andere massive Schmerzen zu verdrängen oder erträglich zu machen. Das heißt aber leider nicht, dass die Sucht automatisch überwunden ist, wenn der Konflikt gelöst ist oder die Schmerzen vorbei sind. Das süchtige Verhalten macht sich schnell selbstständig und braucht keinen äußeren Auslöser mehr. Wer süchtig geworden ist, fügt dem ursprünglichen Konflikt einen weiteren hinzu: den sogenannten Suchtdruck, das massive Verlangen nach dem Suchtmittel. Wenn das Belohnungszentrum im Gehirn gelernt hat, auf Schmerz und Leid mit süchtigem Verhalten zu reagieren, nutzt es ebendieses Verhalten, um die unangenehmen Folgen der Sucht nicht fühlen zu müssen.

Das Schmerzzentrum des Gehirns ist mit dem Lust- und Belohnungszentrum gekoppelt. Hat das Belohnungszentrum ein bestimmtes Verhalten, das letztlich schadet, als lustvoll und schmerzlindernd erfahren, dann entsteht ein sehr toxischer Kreislauf. Man leidet unter den schädlichen Auswirkungen seines eigenen Verhaltens und das Belohnungszentrum kennt darauf nur eine Antwort: mehr davon!

Man könnte glauben, es gäbe einen fließenden Übergang zwischen Genuss und Sucht, doch das stimmt nicht. Die Sucht zeichnet sich dadurch aus, dass man die Kontrolle über das eigene Verhalten verliert, wenn man den Suchtstoff konsumiert oder das süchtige Verhaltensmuster auslebt. Genuss dagegen finden wir vor, wenn wir die echte Freiheit haben, das halb volle Weinglas stehen zu lassen, die halb gerauchte Zigarette einfach auszudrücken, den Computer herunterzufahren, auch wenn uns das Spiel noch so viel Spaß macht. Wir sind in der Lage, unser Verhalten zu ändern, wenn wir erkennen, dass es uns schadet.

In der Sucht leidet man unter seinem eigenen Verhalten. Häufig vertuscht man es vor sich selbst und vor anderen.

Geht es um Genuss, redet man nicht darüber, ob man mit einem bestimmten Verhalten aufhören sollte oder nicht, weil man es jederzeit kann. In der Sucht nimmt man sich immer wieder vor, das ungesunde Verhalten einzuschränken, und scheitert. Man agiert es oft genug heimlich aus und weiß insgeheim, dass man ein Problem hat.

Es ist ungesund und auch nicht angemessen, jemandem auszureden, dass er womöglich süchtig ist, wenn derjenige unter seinem eigenen Verhalten leidet. Kennen Sie noch den Werbeslogan »Ich rauche gern«? Perfider kann man einem Süchtigen nicht suggerieren, dass er sein Verhalten unter Kontrolle hat. Denn natürlich trinkt, raucht oder hilft ein Süchtiger gern. Noch viel lieber aber hätte er die Freiheit, damit aufzuhören! Dass man etwas »gern« tut, ist kein Anzeichen dafür, dass man nicht süchtig ist. Ob das Verlangen nach der süchtigen Handlung auf Dauer unabweisbar ist oder ob man entspannt damit aufhören kann, wenn man fühlt, dass es einem nicht guttut, ist das entscheidende Kriterium.

Süchtige Eltern zu haben, die sich nicht helfen lassen, bedeutet, dass man als Kind in permanenter emotionaler Instabilität lebt. Die eigene Welt ist existenziell gefährdet. Ist der oder die

Süchtige gewalttätig, lebt das Kind in einer massiven Bedrohung des eigenen Lebens. Also geht es in Deckung und verleugnet alle Bedürfnisse, um nicht zur Zielscheibe der Aggression zu werden. Es lernt, den Süchtigen zu besänftigen und ihn möglichst nicht zu reizen. Gleichzeitig versucht das Kind, den Süchtigen zu retten. Es glaubt, dass es schuld oder zumindest mitverantwortlich ist für das Suchtverhalten, und viele Süchtige vermitteln genau das.

Jeder Süchtige hat Helfer: den co-abhängigen Partner, die co-abhängigen Freunde, Familienmitglieder, Arbeitskollegen und die eigenen Kinder. Diese werden meistens vom co-abhängigen Elternteil durch emotionale Erpressung gezwungen, keinen Ärger zu machen und dabei zu helfen, den Süchtigen zu besänftigen.

Co-abhängig zu sein heißt nicht, das süchtige Verhalten des Angehörigen oder Kollegen zu teilen, auch wenn es sein kann, dass man selbst ungesunde Verhaltensweisen entwickelt. Ein Co-Abhängiger kaschiert die Folgen der Sucht des Erkrankten. Er verschleiert die Schäden, die das toxische Verhalten anrichtet, wie zum Beispiel versäumte Termine oder unbeglichene Schulden. Wird der Süchtige unhöflich oder gar ausfallend, versucht der Co-Abhängige zu beschwichtigen. Gleichzeitig, und das ist das wirklich Gefährliche einer Co-Abhängigkeit, vertuscht man unbewusst die Schäden, die das unangemessene und toxische Verhalten des Süchtigen in einem selbst anrichtet. Noch einmal, weil es wirklich wichtig ist: In der Co-Abhängigkeit verleugnet man sowohl seine eigenen Bedürfnisse als auch die Verletzungen, die einem der Süchtige zufügt! Selbstverleugnung ist das süchtige Muster. Man redet sich ein, es sei alles nicht so schlimm, und glaubt es. Das ganze Denken und Fühlen kreist

Ein Co-Abhängiger opfert die Beziehung zu sich selbst, um die toxische Beziehung zum Süchtigen nicht zu gefährden und um dessen ungesunden Verhaltensweisen zu decken.

um die Probleme des Süchtigen. Statt der eigenen Bedürfnisse fühlt man die Sorge und Fürsorge um und für den Süchtigen.

Eine Abhängigkeit erkennt man am bereits erwähnten Suchtdruck, der einen dazu zwingen will, sich weiterhin süchtig zu verhalten. In der Co-Abhängigkeit sind es Schuldgefühle. Man ist so sehr auf die Bedürfnisse eines anderen ausgerichtet, dass man sich in einer Art vorauseilender Fürsorge oft schon um den anderen kümmert, obwohl er nicht danach gefragt hat. Das kann bis hin zur Übergriffigkeit und zur Kontrolle eines anderen gehen. In Wahrheit fühlt man die »Schuld« sich selbst gegenüber: Man bleibt sich selbst etwas schuldig.

ÜBER DEN UNTERSCHIED ZWISCHEN CO-NARZISSMUS UND CO-ABHÄNGIGKEIT

Co-Narzissmus und Co-Abhängigkeit sind beides emotionale Verhaltensmuster, die uns zwingen, uns immer um einen oder mehrere andere Menschen zu kümmern statt um uns selbst. Das Wesentliche bei beiden Mustern ist: Wir kümmern uns auch dann um den anderen, wenn es uns ernstlich schadet. Gleichzeitig gibt es deutliche Unterschiede.

Wir haben weiter oben über den Suchtdruck gesprochen, jenes äußerst unangenehme Symptom, das auftritt, wenn wir von etwas abhängig sind, sei es physisch oder emotional.

In der Co-Abhängigkeit sind es unabweisbare Schuldgefühle. Unabweisbar bedeutet: Man kommt innerlich fast um vor Schuldgefühlen, weil man sich nicht um den anderen kümmert, und tut es am Ende dann doch. So wie der Alkoholiker nach einem inneren Kampf doch zur Flasche greift. Das klingt möglicherweise zu krass, doch wir wissen, dass es sich genauso anfühlt, richtig?

Wie wäre es, wenn wir in Wahrheit uns selbst etwas schuldeten – nämlich genau die Fürsorge, die wir dem Gegenüber angedeihen lassen?

Im Gegensatz zu den Schuldgefühlen in der Co-Abhängigkeit fühlt man im Co-Narzissmus überwältigende, unabweisbare Sehnsucht nach dem anderen. Das, was man für ein Zeichen von Liebe halten könnte, ist in Wahrheit bohrender Hunger nach der emotionalen Nahrung, die uns der Narzisst scheinbar gibt. Weil sich in uns an der Stelle, an der wir selbst sein sollten, der Narzisst breitgemacht hat, brauchen wir den Kontakt, damit diese innere Stelle mit Energie angereichert wird. Wie wäre es, wenn wir in Wahrheit unabweisbare Sehnsucht nach uns selbst hätten? Denn so ist es im Grunde.

Wie man sich selbst zu sich zurückholt, erfahren Sie im Kapitel »Eine liebevolle Beziehung zum inneren Kind«.

Um sich diese beiden emotionalen Zustände vor Augen zu führen, stellen Sie sich zwei Schlangen vor: Das eine ist eine wunderschöne Python, eine Würgeschlange, das andere eine majestätische Viper, eine Giftschlange. Die eine nimmt einem die Luft zum Atmen, die andere lähmt mit ihrem Gift.

Die Würgeschlange Co-Abhängigkeit

Die Schuldgefühle der Co-Abhängigkeit lassen sich mit dem Klammergriff der Würgeschlange gleichsetzen. Sie rauben uns den Atem und engen uns ein. Wir wollen uns befreien, scheitern aber mit den Mitteln, die wir bisher angewendet haben. »Nur du kannst mir helfen. Ich brauche dich, ohne dich bin ich hilflos. Was würde ich nur ohne dich machen?« sind die Schlingen, welche die Co-Abhängigkeit um uns legt. Beachten Sie: Nicht der bedürftige Mensch, der diese Sätze sagt, lässt uns co-abhängig werden, sondern unser eigener ungestillter emotionaler Hunger nach Liebe und Aufmerksamkeit! Wären wir nicht co-abhängig, würden ihm mit jener Frage antworten, die ihm die Verantwortung für seine eigenen Bedürfnisse zurückgibt und uns Raum verschafft: *Was möchtest du, das ich für dich tue?*

Mit dieser Frage stoppen wir unsere vorauseilende Fürsorge und begegnen dem Gegenüber auf Augenhöhe. Es muss antworten, sonst können wir nichts für es tun. Ob wir zur Verfügung stehen wollen und können oder nicht, wissen wir erst, wenn wir die Antwort auf diese Frage bekommen haben. Ob wir uns also die Schlingen um den Hals legen lassen oder nicht, liegt an uns selbst.

Die Giftschlange Co-Narzissmus

Im Co-Narzissmus dagegen bekommen wir immer dann, wenn wir mit dem Narzissten, um den wir innerlich kreisen, zusammen sind, das lähmende Gift der Abwertung und der Beschämung gespritzt. Die Giftschlange Co-Narzissmus lähmt uns, damit wir nicht fühlen, dass wir in Wahrheit nichts bekommen, sondern nur geben. Wir wollen uns fernhalten, weil wir fühlen, dass es uns ohne den Narzissten besser geht. Wir fühlen uns klarer und innerlich freier, das Gift verliert seine Wirkung. Doch der Suchtdruck, die Sehnsucht nach ihm, packt uns und zwingt uns dazu, alles dafür zu tun, um wieder in der Nähe des Narzissten sein zu dürfen.

Wenn Sie nun immer noch nicht wissen, ob Sie eher zu co-narzisstischem oder zu co-abhängigem Verhalten neigen, dann liegt das daran, dass die meisten Narzissten auch Suchtstrukturen haben und die meisten Süchtigen narzisstische Tendenzen. Sie triggern also beides in uns, so einfach ist das.

Massive Schuldgefühle, wenn wir nicht helfen, und dringliche Sehnsucht nach dem Menschen, der uns schlecht behandelt, ist die toxische emotionale Mischung, die uns äußerst wachsam machen sollte. Man könnte es für Liebe halten, doch in der Liebe bleiben wir trotz aller Sehnsucht innerlich bei uns und achten darauf, dass es uns selbst gut geht. Wir bleiben handlungsfähig. In der toxischen Beziehung hingegen zeigen wir das immer gleiche Verhaltensmuster, auch und gerade dann, wenn es uns selbst nicht mehr gefällt. Wir können (noch) nicht anders.

DOMINIKS RUCKSACK

Dominik hat alkoholkranke Eltern und wir können davon ausgehen, dass er in ständiger Angst um sie war. Doch er hat es geschafft und sich dem Klammergriff der Würgeschlange Co-Abhängigkeit entzogen. Das ist großartig. Er brach den Kontakt ab, weil er keine andere Wahl hatte. Dem Abbruch, auch davon dürfen wir ausgehen, ging ein langer und harter innerer Kampf voraus. Doch was Dominik nicht sieht, ist, dass er sich wieder in eine süchtige Verstrickung hineinziehen ließ. Er holt, um es bildlich auszusprechen, Jans Kastanien aus dem Feuer, während dieser seiner Co-Abhängigkeit in Bezug auf seine Mutter verfallen ist. Dominik wiederholt das toxische Verhaltensmuster, weil er die gemeinsame Praxis retten will. Das ist verständlich. Wir dürfen annehmen, dass er es nicht erkennt.

Im Kapitel »Wie Sie Ihren Rucksack identifizieren« haben wir drei Punkte aufgeführt, die benennen, wie sich die Kindheit auf das Erwachsenendasein auswirkt. Beziehen wir diese Punkte nun auf Dominik:

- Dominiks heutige Art zu denken aufgrund seiner unbewussten Annahmen, die er als Kind entwickelt hat
- Dominiks heutiges Verhalten aufgrund der emotionalen Erfahrungen in seiner Kindheit
- Die Rückschlüsse, die Dominik heute aufgrund seiner kindlichen Erfahrungen zieht und nach denen er sein Leben ausrichtet

Das Denken: Ich bin allein dafür verantwortlich, dass die Praxis gut läuft

Dominiks Grundannahme ist: Ich bin allein dafür verantwortlich, dass (in diesem Fall) die Praxis gut läuft. Warum denkt er das? Weil er es von Kindesbeinen auf gewohnt ist, dass er dafür verantwortlich gemacht wird, ob die Dinge laufen oder nicht. Woher wissen wir das? Er übernimmt die Arbeit seines Freundes und Kollegen Jan entgegen besserem Wissen und er lässt sich von ihm schlecht behandeln. Er konfrontiert Jan nicht mit den Folgen seines co-abhängigen Verhaltens, sondern vertuscht die Folgen. Er vertuscht sogar die Auswirkungen, die Jans Unfreundlichkeit auf ihn persönlich hat, weil er in seiner Vorstellung nur dann dafür sorgen kann, dass die Praxis weiterläuft.

Dominik lässt sich schlecht behandeln und findet dafür Ausreden, die den anderen entschuldigen: ein typisches Zeichen von Co-Abhängigkeit.

Dominik ist verletzt, doch er gibt klein bei. Er ist in seinem Denkmuster gefangen und kommt deshalb nicht auf die Idee, dass es auch andere Möglichkeiten gibt, den Fortbestand der Praxis zu sichern, als das eigene Unbehagen zu verleugnen. Sich selbst und sowohl die eigenen Wahrnehmungen als auch die eigenen emotionalen Bedürfnisse zu verleugnen sind sehr typische und verbreitete Anzeichen coabhängigen Verhaltens.

Das Verhalten: Er lässt sich verletzen, ohne sich zu wehren

Dominik verhält sich so, dass man es für kollegial und freundschaftlich halten könnte. Er deckt Jan, er hat Verständnis für ihn und er sorgt dafür, dass alles gut weiterläuft. Er hilft ihm und setzt ihn nicht noch weiter unter Druck. Er geht scheinbar erwachsen mit der Kränkung um, die Jan ihm zugefügt hat. Doch das stimmt nicht. Dominik vermeidet die notwendige Auseinandersetzung und verhindert so, dass Jan mit seinem eigenen Verhalten konfrontiert wird. Gleichzeitig verhindert er die emotionale Verletzung, die durch Jans vermutlich aggressive Reaktion auf ihn zukommen würde. Dominik denkt nicht in Ruhe darüber nach und wägt ab, was mehr Schaden anrichten würde – nachsichtiges Schweigen oder Konfrontation –, sondern er zeigt Vermeidungsverhalten. Er erlaubt, dass Jan sich selbst und der Praxis schadet. Vor allem aber, und das ist bezeichnend für Co-Abhängigkeit, erlaubt er Jan, ihn, Dominik, zu verletzen, ohne sich zur Wehr zu setzen oder es wenigstens zu sagen. Durch sein Verhalten – indem er seufzend dessen Arbeit übernimmt – macht er sich selbst zum Opfer von Jans Scham. Er verstärkt dadurch sowohl Jans Scham als auch seine Überzeugung, die Praxis auf Kosten seines eigenen Wohlbefindens retten zu müssen.

Die Rückschlüsse: Am Ende bin ich immer alleine und muss stärker sein als die Menschen um mich herum

Dominik hat ein gesundes Berufsethos, das verhindern soll, dass er sich ungebeten in die Angelegenheiten anderer einmischt. Es lautet: Halte dich raus, wenn du nicht um Hilfe gebeten wirst. In Bezug auf Jan wendet er sein Berufsethos jedoch auf ungesunde Weise an. Dabei geht es nicht um Jans Problem. Er hat ihm Hilfe angeboten, Jan nimmt sie nicht an, mehr kann er nicht tun. Doch Jans Verhalten schadet Dominik weitaus mehr, als diesem bewusst ist.

Wie alle Co-Abhängigen erkennt Dominik nicht, wie sehr er selbst Hilfe bräuchte, zunächst einmal seine eigene. Er hilft sich nicht, weil er sich nicht selbst um Hilfe bittet. Er hält sich insgeheim für stärker als Jan und glaubt, er könne Jans Lasten schultern, weil er es schon als Kind nicht anders gelernt hat.

Co-Abhängige sind davon überzeugt, stärker zu sein als andere. Sie schämen sich dafür, dass sie überhaupt etwas brauchen.

Dominik lebt nach dem unbewussten Motto »Am Ende bin ich immer alleine und muss stärker sein als die Menschen um mich herum«. Dahinter steckt eine gewisse Art von Hochmut, die aus der Überforderung resultiert, der er als Kind von süchtigen Eltern ausgesetzt war. Er musste als Kind stärker sein, als er in Wahrheit war. Dadurch hat sich eine Scheinpersönlichkeit gebildet, die dazu dient, die wahren Bedürfnisse des Kindes zu verbergen – besonders vor sich selbst. Der Schmerz, das Defizit der Kindheit zu spüren, wäre zu groß. So wie der Narzisst die Großartigkeit kultiviert, so glaubt der Co-Abhängige an sein unerschütterliches, stets helfendes Selbstbild, weil sein emotionales Überleben als Kind davon abhing.

Das Grundgefühl: Scham

Dominik zeigt Scham nicht durch das, was er tut, sondern durch das, was er nicht tut.

1. Dominik nutzt sein Berufsethos als Ausrede, um Jans Zurückweisung zu vermeiden. Er ist ja kein Patient, sagt er sich, anstatt sich selbst einzugestehen, dass ihn die Verschlossenheit des Freundes verletzt.
2. Die Zurückweisung durch Jan äußert sich körperlich, als Dominik die Brust eng wird, wie er es als Reaktion auf seine süchtigen Eltern kennt. Statt seine Enttäuschung anzusprechen, mimt er einen kurzen Hustenanfall.
3. Als Jan um Hilfe bittet und dabei seine Arbeit meint, verlässt Dominik schweigend mitsamt den Akten das Zimmer. Wieder vermeidet er es, seine Enttäuschung anzusprechen.
4. Dominik lässt den Champagner stehen. Man könnte das als Nachlässigkeit sehen, doch wir wissen, wie sehr er verletzt ist. Der Champagner bleibt stellvertretend für ihn selbst bei Jan, wie ein Mahnmal für Dominiks Wunsch, den gemeinsamen Erfolg zu feiern.

Es ist für Dominik beinahe unmöglich, seine eigene Co-Abhängigkeit zu erkennen, weil die emotionale Not, die er als Kind spürte, so offensichtlich war im Vergleich zu dem, was er mit Jan erlebt. Das Leben, welches er jetzt führt, ist so viel besser als alles, was er jemals erwartet hätte, dass es ihm leichtfällt, Jans Bedürfnisse zu erfüllen. Jan war seine Rettung, als er wirklich in Not war, und deshalb ist er über die Maßen bereit, ihn zu unterstützen. Zum Glück zeigt Dominiks Körper seine emotionale Wahrheit auf, indem er mit Atemnot reagiert. Damit erinnert er Dominik daran, dass er im altbekannten emotionalen Verhaltensmuster gefangen ist, auch wenn dieses sich weniger dramatisch zeigt. Die Auswirkungen auf Dominik sind schwerwiegend: Er vermittelt sich selbst durch sein Verhalten weiterhin die Information, dass seine eigenen Bedürfnisse weniger wichtig sind als die anderer, und vergiftet so sein eigenes Selbstwertgefühl.

JETZT SIND SIE AN DER REIHE

Nun geht es um Sie: Ob Sie an den Folgen einer co-abhängigen Kindheitserfahrung leiden und einen ähnlichen Rucksack wie Dominik mit sich herumschleppen, erkennen Sie, indem Sie sich diese Fragen stellen:

- Schäme ich mich, wenn ich Bedürfnisse habe, egal, um welche Bedürfnisse es sich dabei handelt? Bin ich der Meinung, ich wäre edler oder reiner, wenn ich gar nichts bräuchte?
- Übergehe ich mein eigenes ungutes Gefühl, wenn ich mich selbst ausbeute, und rechtfertige ich meine übermäßige Hilfestellung sogar vor mir selbst?

- Halte ich mich insgeheim für stärker als andere Menschen, einfach deshalb, weil ich stärker sein musste? Schäme ich mich für diese Gedanken?
- Bin ich »grundlos« traurig und wünsche mir insgeheim, dass es auch einmal um mich selbst geht statt immer nur um die Bedürfnisse anderer?
- Hoffe ich insgeheim, dass eines Tages jemand so fürsorglich mit mir umgehen wird, wie ich das für andere tue? Und weiß ich gleichzeitig, dass dieser Tag vermutlich niemals kommen wird?
- Habe ich Angst, eines Tages einsam zu sein, und bin ich unter anderem deshalb über Gebühr für andere da, um eine Art emotionales Guthaben zu erzeugen, welches mir Sicherheit gibt?

Es gibt eine gute Nachricht, auch wenn sie zunächst nicht gut klingt: Das, was ein Co-Abhängiger durch massive Selbstaufgabe und Selbstverleugnung zu vermeiden versucht, ist ihm längst zugefügt worden. Wir sind bereits verlassen worden. Wir sind schon einsam. Wir opfern uns dafür auf, etwas zu vermeiden, das wir schon vor langer Zeit überlebt haben. Wir vermitteln uns durch unser Verhalten täglich die gleiche schmerzliche Botschaft: »Du musst alles tun, um nicht verlassen zu werden, und es wird dennoch nichts nutzen.« Weil ein Co-Abhängiger als Kind erlebt hat, dass seine berechtigten und für seine Entwicklung wichtigen Bedürfnisse nur minimal erfüllt wurden, erschuf er sich das Selbstbild eines beinahe Heiligen. Der scheinbar barmherzige Samariter, der selbstlos für andere da ist, ist im Grunde seines Herzens wütend, bedürftig, sehr traurig und voller Scham darüber, dass er doch nicht so ganz frei von Bedürfnissen ist, wie er sein sollte.

In den Gestaltungsmodus wechseln

Alles, was wir heute durch toxisches Verhalten zu vermeiden versuchen, haben wir bereits erlebt und irgendwie auch überlebt. Es ist kein Wunder, dass wir bislang alles darangesetzt haben, diese Erfahrungen nicht noch einmal zu machen. In den vorangegangenen Kapiteln haben wir uns damit befasst, wie wir die Wunden unserer Kindheit erkennen können. Vielleicht wissen wir nicht einmal mehr genau, welche Ereignisse uns unsere emotionalen Wunden zugefügt haben, doch anhand unseres heutigen Verhaltens können wir erkennen, dass wir sie haben. Das kindliche Gehirn musste das, was uns als Kind dauerhaft verletzte, verdrängen, damit wir uns überhaupt weiterentwickeln konnten.

In den bisherigen Kapiteln haben Sie in einem möglicherweise schmerzhaften Erkenntnisprozess gesehen, dass Sie Wunden aus der Kindheit mit sich tragen, die Ihr Verhalten auch heute noch bestimmen. Durch die Beispiele und Fragen haben Sie die Art der Wunden identifiziert. Sie haben erkannt, dass Sie bislang nicht in der Lage waren, Ihr volles Potenzial auszuschöpfen, weil Sie in einer Vermeidungshaltung verharrten. Diese Vermeidungs- und Stillhalteposition dürfen Sie nun verlassen. Sie sind erwachsen und somit in der Lage, sich das, was Sie früher so dringend gebraucht hätten, selbst zu geben.

Deshalb ist es nun wichtig, dass wir uns genauer anschauen, wie wir aus dem Überlebens- in den Gestaltungsmodus unseres Lebens wechseln. Die wundervolle Nachricht ist: Sie haben bereits alles, was Sie brauchen, um glücklich zu werden. Sie müssen einfach nur die Zielgruppe Ihrer Fürsorge ändern und sich selbst mit auf die Liste derer setzen, für die Sie da sind: je weiter oben, desto besser.

Im Verlauf der vergangenen Kapitel haben Sie also erkannt, welchen Rucksack Sie mit sich schleppen, auf welche Weise Sie sich selbst schädigen. Sie verhalten sich ein bisschen wie Charlotte, wie Silvia, wie Jan und/oder wie Dominik, auch wenn es Ihnen nicht gefällt. Womöglich sind Sie erleichtert, weil Sie einen Namen für Ihr Verhalten gefunden haben.

Es ist an der Zeit, den Rucksack auszuräumen und die toxischen Verhaltensweisen durch liebevolle Selbstfürsorge zu ersetzen.

Jetzt wird es Zeit, den schweren Rucksack auszuräumen, die schädlichen Verhaltensmuster zu erkennen, loszulassen und an ihre Stelle etwas Besseres zu setzen: liebevolle und mitfühlende Selbstfürsorge. Dazu brauchen Sie einen inneren Anteil, den es zwar schon gibt, den Sie bislang aber nicht umfassend bewusst und aktiv nutzen konnten: den liebenden inneren Erwachsenen, jenen Verbündeten, den Sie als Kind so sehr gebraucht hätten. Er ist bereits da, er schlummert in Ihnen und er kann Sie retten.

Sie wissen sicherlich schon, dass Sie sich selbst lieben dürfen und auch sollten, wenn Sie gesunde Beziehungen mit anderen Menschen, mit Tieren und mit der ganzen Welt führen möchten. Sich selbst zu lieben, ist etwas vollkommen Natürliches und doch nicht so einfach. Im nächsten Teil des Buches beschäftigen wir uns damit, wie wir zur Selbstliebe finden. Dafür müssen wir alle anerzogenen und aus der kindlichen Not heraus erlernten Verhaltensweisen, die uns vermitteln, dass wir nicht liebenswert sind, identifizieren und in einem weiteren Schritt loslassen. Wir dürfen etwas lernen, doch zunächst dürfen wir vor allem etwas verlernen: um Liebe und Anerkennung zu kämpfen. Denn solange wir um Liebe und Anerkennung oder um die Vermeidung von Ablehnung kämpfen, bestätigen wir uns jeden Tag aufs Neue unser altes Verhalten.

3

Der Rucksack Ihrer Kindheit

Nun ist Mut gefragt: Ehrliche Selbsterkenntnis, auch wenn sie schmerzhaft ist, bildet die Grundlage für echte Heilung und Ganzwerdung.

Den Inhalt des Rucksacks sichten

Herzlichen Glückwunsch! Den schwersten Schritt haben Sie geschafft. Sie haben großen Mut bewiesen und sich anhand der Fragen und Fallbeispiele angeschaut, was sich in Ihrem eigenen Rucksack befinden könnte. In diesem Teil fokussieren Sie sich ganz auf sich selbst. Sie werden noch deutlicher erkennen, welche emotionalen Reizstoffe Ihr Rucksack enthält und warum diese so giftig sind. Sie werden Ihren Rucksack nach und nach ausleeren, seinen Inhalt sichten und die inneren Anteile entwickeln, die Sie brauchen, damit Sie liebevoll und mitfühlend mit sich selbst umgehen können.

MIT ALLEN SINNEN LERNEN

Je mehr Sinne beim Lernen beteiligt sind, desto schneller und nachhaltiger lernen wir. So funktionieren auch die Übungen, die im Folgenden beschrieben werden, besonders gut, wenn Sie sich dafür einige Gegenstände besorgen.

- Als Symbol für den Rucksack Ihrer Kindheit besorgen Sie sich einen einfachen, nicht zu kleinen Rucksack oder eine Stofftragetasche.
- Als Symbol für die emotionalen Qualitäten, die Sie weiterreichen, legen Sie ein Skat- oder Rommé-Kartendeck bereit, außerdem fünf normale Briefumschläge.
- Als Hilfsmittel, um Ihre Gedanken, Gefühle und Ihre inneren Bilder auszudrücken, brauchen Sie Papier, einen

Kugelschreiber oder Bleistift, Filzschreiber und, wenn Sie mögen, auch ein paar Buntstifte.

- Als Symbol der Lasten, die Sie tragen, suchen Sie einige mindestens faustgroße Steine zusammen, außerdem einen Extrastein für eine weitere Übung. Gehen Sie dabei bitte intuitiv vor.

Die Steine brauchen Sie in diesem Abschnitt des Buches noch nicht. Doch es ist sehr hilfreich, sie bereits jetzt in den Rucksack zu legen, denn Sie tragen sie bereits unbewusst mit sich herum. Auch kann Ihnen schon das Zusammensuchen der Steine sehr wertvolle Erkenntnisse bringen. Wenn Sie mögen, dürfen Sie daraus gleich eine kleine Übung machen.

Jeder Stein steht für eine Last

Durch die Fallbeispiele im vorigen Abschnitt und die dazugehörigen Fragen haben Sie erkannt, mit welchen Themen Sie in Ihrer Kindheit konfrontiert wurden und welche Lasten daraus entstanden.

Nehmen Sie einen Filzschreiber mit, wenn Sie die Steine sammeln, und beschriften Sie jeden Stein mit Ausnahme des Extrasteins intuitiv mit dem Thema, für das er symbolisch steht, zum Beispiel Schuldgefühle, Geldsorgen, Krankheit der Eltern oder Einsamkeit. Wenn Sie gut malen können und die Steine sich dafür eignen, dann können Sie auch kleine Kunstwerke gestalten und Ihrer inneren Schwere auf diese Weise kreativen Ausdruck verleihen. Lassen sich die Steine nicht beschriften, dann schreiben Sie die Themen jeweils auf ein großes Stück Papier und umwickeln die Steine damit oder befestigen die Papierstücke an den Steinen.

Legen Sie die beschrifteten Steine in den Rucksack. Sie dürfen ihre Schwere ruhig spüren, damit Ihr Inneres sie als »wahr« erkennt, denn bislang waren Sie sicherlich Meister darin, sich die Schwere immer wieder auszureden. Das Gewicht der Steine sagt Ihnen: »Doch, es ist so schwer, du bildest dir das nicht ein, wir sind real.« Wie viele Steine Sie aufsammeln, ist Ihnen überlassen. Eventuell brauchen Sie sogar einen größeren Rucksack. Vertrauen Sie Ihrem Gefühl. Ihr Inneres weiß, wie viele emotionale Lasten es mit sich herumschleppt.

Die Lasten, die sich in dem Rucksack befinden, kann man sehr gut mit schweren Wackersteinen vergleichen, mit denen wir uns täglich abmühen.

Im vierten Teil des Buches, wenn es um Ihre neue Leichtigkeit geht, kümmern wir uns darum, wie wir die Steine loslassen können. Doch für Ihren Befreiungsprozess ist es wichtig, dass sie bereits jetzt fühlbar werden.

Selbstverständlich können Sie alle Übungen auch nur im Geiste durchführen. Doch je mehr Anteile des Gehirns an einer Erfahrung beteiligt sind, desto nachhaltiger wirken sie. Denken Sie daran: Als Kind haben Sie Ihre schmerzvollen Erfahrungen mit allen Sinnen gemacht: körperlich, emotional, geistig. Jetzt befreien wir auch alle Sinne davon.

IHRE EMOTIONALE WETTERKARTE

Weiter vorne haben wir schon einmal kurz über einen der ältesten Bereiche unseres Gehirns gesprochen, die Amygdala. Sie ist ein echtes Wunderwerkzeug: Sie erkennt die Gefühle anderer und vergleicht sie mit den menschlichen Grundgefühlen (dazu gleich mehr). Was der Verstand auf mentaler Ebene für uns tut, indem er die Erfahrungen, die wir machen, in Schubladen einordnet, um daraus ein individuelles Weltbild zu erstellen, damit wir uns besser orientieren können, tut die Amygdala auf emotionaler Ebene. Sie erstellt für uns eine emotionale Wetterkarte, die uns hilft, unsere eigenen Gefühle und die Gefühle anderer einzuordnen und so zu reagieren, dass wir möglichst sicher sind. Damit sie das tun kann, scannt sie permanent unsere Emotionen und vergleicht sie mit den sehr subjektiven emotionalen Erfahrungen, die wir bereits gemacht haben. Sie ist wie ein Computerprogramm, das ständig Daten sammelt, daraus eine Wetterkarte erstellt und sie ununterbrochen aktualisiert.

Diese emotionale Wetterkarte könnte uns sehr nützlich sein. Sie könnte uns helfen, immer zu wissen, ob wir uns, emotional gesehen, besser warm anziehen sollten oder ob wir entspannt und ohne weitere Vorkehrungen im leichten Sommergewand nach draußen gehen können.

Weil wir sie aber durch unser immer gleiches Verhalten mit den immer gleichen emotionalen Daten füttern, zeigt sie uns auch immer das gleiche Wetter an: das emotionale (Un-)Wetter unserer Kindheit. Also ziehen wir jeden Tag den sperrigen Regenmantel und die schweren, dicken Stiefel an, statt leichtfüßig in der Sonne zu tanzen, wie es zumindest an vielen Tagen längst möglich wäre.

Jeden Input, den die Amygdala erhält, fügt sie als neue Daten unserer emotionalen Wetterkarte hinzu.

Für uns ist es wichtig zu wissen: Die Amygdala lernt immer. Wenn wir uns heute aufgrund unserer Kindheitserfahrungen auf eine bestimmte Weise verhalten, indem wir etwas vermeiden oder um etwas kämpfen, dann ist das für die Amygdala der aktuelle Dateninput. Das toxische Verhalten, das wir aus der Kindheit mit uns tragen, liefert unserer Amygdala also jeden Tag scheinbar brandneue, in Wahrheit aber uralte Wetterdaten. Die Amygdala kann nicht wissen, dass wir diese scheinbar neuen Daten jeden Tag selbst erzeugen, denn dieses Gehirnareal ist uralt. Als es entstand, gab es noch kein Bewusstsein und es gab keine toxischen menschlichen Verhaltensmuster. Die Amygdala hatte die Aufgabe, unser Überleben zu sichern, also Fressfeinde, Nahrungsquellen und geeignete Fortpflanzungspartner zu erkennen und Gefahren zu meiden. Sie kann unmöglich erkennen, ob das, was wir fühlen, dem entspricht, was tatsächlich geschieht.

Wir wiederholen also ständig unsere emotionalen Erinnerungen und lassen sie dadurch täglich zu neuen Erfahrungen werden. Wie Ihre aktuelle und zugleich längst überholte emotionale Wetterkarte aussieht und in welcher emotionalen Dauerschleife Sie sich bewegen, können Sie in der nachfolgenden Übung erkennen.

IHRE EMOTIONALEN WETTERDATEN KENNENLERNEN

Für die folgende Übung zeichnen wir ein Tortendiagramm. Sie kennen das sicher – damit kann man zum Beispiel die Sitzverteilung der Parteien im Bundestag darstellen. Sie können es auf ein Blatt zeichnen oder am Computer mit einem entsprechenden Programm erstellen.

Bei einem Tortendiagramm steht der ganze Kreis für eine festgelegte Größe. Im Bundestag ist es die Anzahl der Gesamtsitze, in unserer Übung sind es die Tage Ihrer Woche. Unsere »Parteien«, deren Sitzverteilung wir uns gleich anschauen, sind fünf Grundgefühle, die das menschliche Dasein ausmachen und die weiter oben bereits angesprochen wurden: Freude, Wut, Scham, Furcht/Angst und Traurigkeit.

Warum nutzen wir für unsere Wetterdaten ein Tortendiagramm? Gefühle sind flüchtig und mit einer Wetterlage zu vergleichen. Die Grundgefühle allerdings sind stabil in uns angelegt, deshalb können wir sie wie innere »Parteien« ansehen. In der Übung verknüpfen wir diese beiden Vorstellungen und lassen so unsere Emotionen sichtbar werden.

ÜBUNG 1: MACHEN SIE IHRE EMOTIONALEN WETTERDATEN SICHTBAR

- *Nehmen Sie Zettel, Stift und eventuell Buntstifte zur Hand. Zeichnen Sie einen großen Kreis auf das Papier, zehn Zentimeter Durchmesser sollte er mindestens haben. Markieren Sie die ungefähre Mitte mit einem Punkt.*
- *Nun nehmen Sie sich etwas Zeit und spüren Sie in sich hinein. Erlauben Sie sich, alle Grundgefühle einmal zu fühlen oder sie zumindest auf sich wirken zu lassen. Freude – Wut – Scham – Furcht/Angst – Traurigkeit.*
- *Sie werden feststellen, dass Sie einige Gefühle leichter oder deutlicher wahrnehmen können als andere, das ist okay. Besonders Scham und Wut lassen sich nur schwer ausmachen. Trotzdem erinnern wir uns durch das bewusste Fühlen an alle Grundgefühle.*
- *Wie lange sind Sie im Verlauf einer Woche im Durchschnitt traurig und freudig, wie oft erleben Sie Scham, Wut und Angst? Nicht jeder erlebt jedes dieser Gefühle jeden Tag, deshalb schauen wir uns einen größeren Zeitraum an. Erlauben Sie sich, ganz spontan zu sein. Nehmen Sie einen Stift zur Hand und teilen Sie den Kreis von der Mitte aus in emotionale »Tortenstücke« auf. Die Größe richtet sich nach der Zeit, ent-*

scheiden Sie intuitiv. Schreiben Sie das Gefühl in das jeweilige Kreisstück oder malen Sie die Tortenstücke aus, indem Sie jedem Gefühl eine Farbe zuordnen. Nehmen Sie sich Zeit und fangen Sie lieber noch mal neu an, wenn Sie das Gefühl haben, es passt noch nicht richtig. Besonders die Scham zeigt sich oft eher als vage Traurigkeit, Angst oder Wut.

- *Lassen Sie nun Ihre emotionale Torte auf sich wirken. Entspricht sie dem, wie Sie Ihren momentanen Alltag erleben? Hier gibt es kein Richtig oder Falsch. Es ist im Moment, wie es eben ist. Je bereitwilliger wir anerkennen, was Sache ist, desto leichter können wir es ändern, weil wir nicht zusätzlich in einer Vermeidungshaltung feststecken, die uns den klaren Blick auf uns selbst verstellt.*
- *Datieren Sie das Blatt bitte, drucken Sie es gegebenenfalls aus und legen Sie es in Ihren Rucksack oder in eine Schublade. Sie brauchen es später wieder.*

Jetzt haben Sie den Istzustand Ihrer Amygdala bildlich dargestellt. Im nächsten Schritt schauen Sie sich die einzelnen Tortenstücke genauer an und kosten sie, bildlich gesprochen. Wozu ist das gut? Diese »Torte« befindet sich immer wieder aufs Neue in Ihrem Rucksack. Sie ist Ihre emotionale Wegzehrung, der Gefühlsproviant, den Sie zu sich nehmen. Bis auf seltene Ausnahmen entsteht sie jede Woche auf die gleiche Weise neu, weil Ihre Amygdala nichts anderes kennt.

DER EMOTIONALE GESCHMACK IHRES ALLTAGS

Sie haben ein Tortendiagramm gezeichnet, und jetzt nehmen wir den Begriff »Torte« einmal ernst. Sie erinnern sich: Je mehr Sinne an einem Lern- oder Erkenntnisprozess beteiligt sind, desto nachhaltiger und effektiver sind die Informationen. Wir nutzen jetzt den Geschmackssinn, um unsere Gefühle näher zu betrachten. Gerüche und damit auch der Geschmackssinn und Gefühle sind aufs Engste miteinander verknüpft, und diese Erkenntnis nutzen wir. In der nachfolgenden Übung unterteilen wir die Tortenstücke je nach Gefühl und ordnen ihnen einen Geschmack und einen Geruch zu.

Die Übungen 1 und 2 dienen dazu, Ihre Gefühlswelt zu erforschen und für Sie sichtbar zu machen.

ÜBUNG 2: WIE RIECHT UND SCHMECKT IHRE TORTE?

- *Nehmen Sie Ihr Tortendiagramm zur Hand. Stellen Sie sich vor, der Kreis auf Ihrem Papier wäre wirklich eine Torte, denn »Torte« klingt für die meisten Menschen nach etwas Köstlichem. Sie muss nicht süß sein. Es gibt auch pikante Torten und selbstverständlich dürfen Sie sich auch eine Pizza vorstellen …*
- *Sollte es in den einzelnen Tortenstücken keinen Platz mehr zum Schreiben geben, nehmen Sie ein weiteres Blatt Papier oder öffnen ein neues Dokument auf Ihrem Rechner und erstellen eine Tabelle mit fünf Spalten. Die fünf Grundgefühle bilden in beliebiger Reihenfolge die Überschriften der Spalten.*
- *Beginnen Sie mit dem ersten Grundgefühl, das Sie aufgelistet haben. Stellen Sie sich vor, dieses Gefühl wäre tatsächlich ein Torten- oder Pizzastück. Wie schmeckt es? Wir riecht es? Schreiben Sie auf, was Ihnen dazu einfällt. Glauben und vertrauen Sie Ihrem ersten Impuls, es gibt kein Richtig oder Falsch. Vielleicht war das Tortenstück, das für ein unangenehmes Gefühl steht, früher köstlich, doch nun ist es verdorben und riecht und schmeckt faulig? Vielleicht können Sie sich positive Gefühle nicht vorstellen und das Tortenstück schmeckt nach gar nichts? Die Freude riecht frisch und schmeckt nach köstlicher Zitronencreme, die Angst ist krümelig und staubtrocken, sodass Sie fast daran ersticken? Alles darf sein, wie es ist.*

- *Ordnen Sie möglichst jedem Gefühl einen Geschmack und auch einen Geruch zu. Es kann sein, dass Ihnen zu einem oder zwei Gefühlen nichts einfällt. Das ist in Ordnung. Füllen Sie das Diagramm oder die Tabelle nur so weit aus, wie es für Sie passt, doch erlauben Sie sich, eine innere Hemmschwelle zu übertreten oder ihr zumindest nahezukommen. Sie leisten gerade sehr wichtige Erkenntnisarbeit.*
- *Im nächsten Schritt geht es um die Quelle der Gefühle. Nehmen Sie sich noch einmal jedes Stück Ihrer Torte vor und überlegen Sie, ob es Ihr eigener Kuchen ist oder ob Sie, zumindest teilweise, ein Stück Kuchen von jemand anders zu sich nehmen! Spannend, oder? Wessen vermutlich nicht besonders schmackhaften emotionalen Tortenstücke essen Sie, damit er oder sie es nicht selbst tun muss? Schreiben Sie es auf, in Teil 4 des Buches ändern wir das. Jetzt geht es nur um Erkenntnis.*
- ***Extra-Aufgabe:** Genehmigen Sie sich, falls gesundheitlich möglich, ein Stück köstlicher echter Freude-Torte oder Freude-Pizza! Sie haben es sich verdient!*

Wir werden uns zunächst mit den unangenehmen Gefühlen befassen, die Ihren Rucksack und damit Ihr Leben schwer machen. Danach widmen wir uns der Freude. Es wäre aber sehr sinnvoll, sich den Duft, den Sie mit Freude verbinden, jetzt schon zu besorgen und ihn bewusst zu nutzen: als ätherisches Öl, als Raumspray, als Duftkerze. Damit erinnern Sie sich selbst und auch Ihr Gehirn daran, Glückshormone auszuschütten, auch wenn es keinen offensichtlichen Anlass gibt.

Nun haben Sie einen guten Einblick in Ihre emotionale Großwetterlage bekommen und Ihren emotionalen Reiseproviant erkannt. Sie wissen auch, dass Sie sich jeden Tag einen Großteil Ihres Wetters selbst machen oder Ihre Gefühlstorte zum großen Teil selbst backen. Ihre Gefühlstorte ist nicht einfach eine willkürlich zusammengerührte Masse aus unterschiedlichen Geschmacksrichtungen, es ist keine Wetterlage, die sich irgendwie zusammengebraut hat. Das, was Sie täglich fühlen, ist das Ergebnis Ihrer emotionalen Erfahrungen und der Art und Weise, wie Sie unbewusst damit umgegangen sind.

ALLE GEFÜHLE WOLLEN GEFÜHLT WERDEN

Die Gefühle, die uns heute täglich begleiten, sind durch Erfahrungen entstanden, die wir gemacht haben. Sie sind echt, unsere Gefühle. Sie waren völlig angemessene Reaktionen auf eine Umgebung, die wir als nicht immer sicher oder sogar als bedrohlich erlebten. Weil wir noch immer mit dem uralten Inhalt unseres Rucksacks leben und die Lebenswerkzeuge nutzen, die uns als Kind das Überleben gesichert haben, können wir nicht sehen, dass wir uns heute völlig anders fühlen könnten, sogar dann, wenn sich im Außen nichts ändern würde. Wenn unsere heutigen Gefühle, wie wir es in der vorigen Übung erkannt haben, aus dem früher Gefühlten und Erlebten entstehen, dann geschieht das also aus unbewussten inneren Anteilen heraus. Wir können lernen, unsere eigenen Gefühle bewusst zu gestalten, doch dabei gibt es einen Haken. Dafür müssen wir tun, was wir bislang unbewusst oder sogar absichtlich vermieden haben: Wir müssen sie fühlen. Es reicht nicht, darum zu wissen, was wir fühlen.

Um unsere eigenen Gefühle bewusst gestalten zu können, genügt es nicht, sie rational zu erfassen – wir müssen sie fühlen.

Damit wir uns ernstlich mit dem, was wir wirklich fühlen, auseinandersetzen, sogar oder gerade dann, wenn es wehtut, brauchen wir einen triftigen Grund. Dieser Grund muss so wichtig sein, dass wir dazu bereit sind, unseren ganz normalen Widerstand gegen das Fühlen von schmerzlichen Gefühlen zu überwinden. Es gibt ihn, diesen Grund. Wir müssen ihn allerdings kennen und verstehen, denn nur dann gelingt es uns, den natürlichen

Impuls, Schmerzen zu vermeiden, zumindest für einen gewissen Zeitraum zu unterdrücken.

Das ist der Grund, der uns dazu motiviert, weiterzumachen, und der uns dazu befähigt, uns die Zutatenliste unserer unangenehmen Gefühlstortenstücke anzuschauen und sie zu ändern: **Alte unbewusste Gefühle bestimmen unsere heutigen Handlungen. Und das wollen wir nicht mehr.**

WIE GEFÜHLE UNSER HANDELN BESTIMMEN

Wir haben unsere Gefühle mit einer Wetterlage und mit emotionaler Nahrung verglichen. Wie sehr das Wetter unser Leben beeinflusst und wie wesentlich das, was wir essen, unsere Nährstoffversorgung bestimmt, ist uns bewusst. Genauso ist es mit unseren Gefühlen. Alles, was wir fühlen, hat eine Hormonausschüttung zur Folge, lässt bestimmte Gedanken und dadurch auch Handlungen entstehen. Unsere Handlungen werden von dem bestimmt, was wir unbewusst fühlen, denn die Vermeidung von Schmerzen und die Erfahrung von Lust und Freude sind die stärksten Antriebsfedern. Vielleicht fragen Sie sich, wieso wir uns dann überhaupt von anderen verletzen lassen, wenn doch die Vermeidung von Schmerzen ein Antrieb sein soll. Die Antwort ist: Wenn wir uns verletzen lassen, dann nur, um noch größeren Schaden abzuwenden, wie wir es in den vier Fallbeispielen im ersten und zweiten Teil gesehen haben.

Wir lassen uns verletzen, um noch größeren Schaden abzuwenden.

Warum sind es unsere unbewussten Gefühle, nicht unsere Gedanken, die unsere Handlungen bestimmen? Sicher haben Sie schon oft gehört, dass Ihre Gedanken Ihre Gefühle verursachen. Das stimmt und es stimmt nicht. Um das zu verstehen, muss man wissen, dass jeder Teil des Gehirns »denken« kann, das heißt, jeder Gehirnteil kann mithilfe des Sprachzentrums

Gedanken formulieren. Die Gehirnforschung hat mithilfe von funktionellen Kernspintomografien erkannt, dass Gedanken nicht in einem bestimmten Gehirnteil entstehen, sondern überall ihren Ursprung haben können, auch im Emotionalhirn, also dem limbischen System, das nicht dem Bewusstsein untersteht. Ihre Gefühle produzieren also Gedanken. Das, was Sie denken, stammt zum großen Teil aus ebendiesem Emotionalhirn, falls sich hier viel Unverarbeitetes befindet. Insofern verursachen nicht die Gedanken Ihre Gefühle, sondern die Gedanken sind Ausdruck dessen, was Sie im Unbewussten gerade fühlen.

Etwas anders sind bewusste, klare Gedanken, die mit Absicht gedacht werden. Sie haben große Kraft und können das Leben verändern. Auch Geistesblitze, plötzliche Erkenntnisse, können einen nachhaltigen Richtungswechsel einleiten. Diese Gedanken kommen nicht aus dem Emotionalhirn, sondern aus sehr gereiften, also erwachsenen Anteilen im präfrontalen Cortex. So, wie wir eine Amygdala haben, welche die Ängste ihrer Umgebung scannt und daraus ein Weltbild formt, so haben wir auch ein Gehirnnetzwerk, das ebenfalls Informationen sammelt. Allerdings keine emotionalen Daten, sondern zum Beispiel Erkenntnisse anderer, wenn wir etwas Interessantes lesen, oder Beobachtungen in der Natur, die dem Gehirn hilfreich für die eigene Entwicklung erscheinen: all das Wissenswerte, das uns täglich begegnet, auch wenn wir es nicht bewusst wahrnehmen. Das Gehirn sammelt diese Daten, um zu lernen und um zu reifen, wie das ein Computer tut, der auf »Selbstoptimierung« programmiert ist.

Die deutsche Bezeichnung für das neuronale Netzwerk Default Mode Network (DMN) ist Ruhezustandsnetzwerk.

Dieses Netzwerk, das DMN, sorgt für Selbstreflexion und dient der Selbstfindung. Es ist besonders aktiv, wenn wir ruhen, so heißt es auch Ruhezustandsnetzwerk. Es arbeitet, ebenso wie die Amygdala, unbewusst und überrascht mit plötzlichen

Erkenntnissen. Ob man diese allerdings wahrnimmt, als wichtig anerkennt und umsetzt, hängt davon ab, wie bewusst man sein Leben gestaltet. Um Erkenntnisse zu gewinnen, sind Ruhephasen notwendig, in denen wir die Gedanken schweifen lassen.

Fassen wir kurz zusammen: Unser Gehirn nimmt täglich Unmengen von Informationen auf. Wir können und sollten entscheiden, ob wir der Amygdala ihre tägliche Ration Angst zukommen lassen oder ob wir uns mit wertvollen und hilfreichen Erkenntnissen füttern, die unserem kreativen und blitzgescheiten DMN dient.

Jeder hat einen liebevollen inneren Coach

Es gibt für das Gehirn keine neutralen Informationen. So, wie jedes Gefühl zu einer Hormonausschüttung, einem meist nur vagen Gedanken und einer Handlung führt, so führt auch jede Handlung zu einem Gefühl. Wir erhalten unsere ewig gleichen emotionalen Schleifen selbst aufrecht, indem wir auf unsere verletzten Gefühle hören.

Stellen Sie sich vor, ein Mensch steht vor einem gesattelten Pferd. Er kann nicht reiten und hat Angst, aufzusteigen. Er sagt: »Ich werde erst aufsteigen, wenn ich keine Angst mehr habe.« Glauben Sie, das wird jemals geschehen? Die Angst verliert er nur, wenn er aufsteigt und reiten lernt. Angst verschwindet nicht einfach so. Wir müssen Angst »verlernen«, indem wir bewusste Erfahrungen machen, die uns Vertrauen in uns selbst und in unsere Fähigkeiten schenken. Das haben wir an unseren vier Beispielen Jan, Dominik, Charlotte und Silvia erkannt. Alle verhielten sich auf eine Weise, die ihnen nur bestätigte, was sie schon wussten: Sie müssen sich verleugnen und verbiegen, um nicht verletzt zu werden.

Was braucht der Mensch, der ängstlich vor dem Pferd steht, vorausgesetzt, er will wirklich reiten lernen? Einen Reitlehrer, der ihm liebevoll und nachdrücklich sagt: »Besser wird's nicht. Rauf aufs Pferd. Dem Pferd kannst du vertrauen. Das Vertrauen in dich selbst darfst du dir erarbeiten, und dabei helfe ich dir.«

Ebenso wie man Reiten nur durch Reiten lernt, entwickelt man Selbstvertrauen, indem man sich der eigenen Angst stellt.

Es gibt einen Anteil in uns, dem wir bereits vertrauen können. Es ist der Anteil in Ihnen, der Sie zum Beispiel auch zu diesem Buch hat greifen lassen, weil er weiß, dass Sie ein wenig Unterstützung dabei brauchen, glücklicher und innerlich freier zu werden. Ist Ihnen das bewusst? Es gibt in Ihnen ein »Ich«, das sehr daran interessiert ist, dass Sie mit weniger Gepäck durchs Leben laufen und dass Sie sich sehr viel wohler fühlen als bisher. Na gut, denken Sie vielleicht, eigentlich weiß ich das ja. Aber ist es Ihnen wirklich bewusst, dass Sie einen inneren liebevollen Coach haben, der auf Sie aufpasst und ernsthaft an Ihrem Wohlergehen interessiert ist? Denken Sie darüber nach. Fühlen Sie sich nicht gleich viel besser? Sie sind niemals allein. Dieser innere Anteil ist immer bei Ihnen und schubst Sie liebevoll und manchmal auch energisch an, damit Sie Ihren eigenen, freudvollen Weg gehen statt den zum großen Teil von Leid geprägten, den Sie bisher kennen. Dieser innere Anteil wird nie aufgeben, Sie zu Ihrem Glück zu führen. Wer könnte das sein? Schauen wir nach innen und erkennen, wer in uns was fühlt und will.

UNSERE INNEREN ANTEILE

Zur Erinnerung: Als innere Anteile bezeichnen wir Aspekte von uns, die bestimmte Eigenschaften, Fähigkeiten und Überzeugungen haben. Wie viele inneren Anteile gibt es? Das ist eine Frage der Definition. In unserem Fall geht es um die inneren Anteile, die uns helfen, aus den emotionalen Konditionierungen der Kindheit herauszukommen, deshalb unterscheiden wir zwischen den inneren Kindern und dem inneren Erwachsenen.

Die inneren Kinder

Warum sind es auf einmal »innere Kinder«? Haben wir mehrere und wie viele sind das? Lassen Sie sich nicht verwirren, es ist ganz einfach. Sie waren ja nicht nur in einem bestimmten Alter Kind, sondern haben verschiedene Entwicklungsstufen mitgemacht. Deshalb ist es hilfreich, sich mehrere innere Kinder unterschiedlichen Alters vorzustellen. Der oder die Achtjährige in Ihnen erlebte die Welt anders als das zweijährige Kleinkind, doch beide prägten Ihre heutige Weltsicht.

In der Praxis zeigt sich immer wieder, dass wir in unserem Inneren mehrere innere Kinder beherbergen, es sind innere Bilder, innere Wesensanteile, die sich wie verschiedene Kinder zeigen. Vergessen wir nicht, dass alle inneren Bilder Symbole des Gehirns sind, die uns verschiedene innere Zustände zeigen. Nichts weiter und doch so wertvoll. Wenn es ein inneres Kind in Ihnen gibt, das glückliche Erfahrungen gemacht hat, dann beeinflusst es Ihren Alltag anders als jenes innere Kind, das weint, weil es verlassen wurde. Und doch können beide gleichzeitig in Ihnen leben und wirken. Deshalb schauen wir uns in einer späteren Übung an, welche Anteile mit welchen Gefühlen verknüpft sind. Dazu brauchen Sie Ihre inneren Anteile nicht bewusst zu kennen. Sie werden sich zeigen, ganz sicher. Sie wollen ja gesehen werden. Sie gehören zu Ihnen und möchten erkannt, gehört und gefühlt werden. Je mehr Sie sich selbst glauben, was Sie wahrnehmen, umso leichter haben es Ihre inneren Anteile, mit Ihrem Bewusstsein in Kontakt zu treten.

Einige innere Anteile sind in den alten Gefühlen gefangen, andere sind frei.

Der gereifte innere Erwachsene

Das innere Kind ist klar. Wer aber ist der innere Erwachsene? Klingt das nicht nach Kontrolle, Verantwortung und danach, funktionieren zu müssen?

»Stell dich nicht so an«, »Der Klügere gibt nach« oder »Du bist doch schon groß« hörten wir, wenn wir als Kinder zu anstrengend und unsere Bedürfnisse für die Erwachsenen zu viel wurden. Wir lernten also, dass Erwachsensein in erster Linie bedeutet, die eigenen Gefühle und Bedürfnisse im Zaum zu halten und sich so zu verhalten, dass niemand Anstoß daran nimmt. Nicht auffallen, ein wertvolles Mitglied der Gesellschaft werden, in Deckung bleiben, um in Sicherheit zu sein – das assoziieren die meisten Menschen mit dem Erwachsensein. Kurzum, es scheint nicht besonders erstrebenswert zu sein, erwachsen zu werden, und so sagen auch viele Menschen, sie bleiben lieber ein bisschen kindlich. Doch wie wäre es mit der folgenden Sichtweise:

Stellen Sie sich einen Menschen vor, der entspannt und mutig sein Leben gestaltet. Er hört auf seine Intuition und glaubt sich das, was er in sich wahrnimmt. Er fühlt seine Gefühle, lässt sich aber nicht von ihnen dominieren. Er vertraut sich selbst und weiß, dass er seinem Innersten Ausdruck verleihen kann, darf und soll. Er kann sich abgrenzen und sich gerade deshalb voll und ganz einlassen, wenn er das möchte. Er ist zuverlässig, weil er den Mut hat zu sagen, was er will. In seiner Gegenwart fühlt man sich wohl, weil er nicht urteilt oder verurteilt, sondern jeden so sein lässt, wie er ist. Sein eigenes Wohlbefinden hängt nicht von anderen Menschen ab, sondern davon, dass er in Kontakt mit sich selbst ist und das, was er wahrnimmt, umsetzt. Er ist Meister seines Lebens, weil er in der Lage ist, die Konsequenzen seiner Entscheidungen zu tragen. Er ist gewillt, für sich selbst einzustehen, auch wenn es unbequem wird, und das macht ihn innerlich frei. Er ist mitfühlend und in der Lage, kluge Entscheidungen für die Gemeinschaft zu treffen und mitzutragen. Ebenso kann er sich gegen eine Entscheidung stellen, wenn sie ihm falsch vorkommt, auch dann, wenn alle anderen dafür sind. Er hat sowohl sich selbst im Blick als auch das große Ganze.

All das kann dieser Mensch, weil er sein Leben aus der Großhirnrinde, dem präfrontalen Cortex heraus gestaltet, denn die beschriebenen Eigenschaften sind hier verankert. Er lebt nicht aus dem in der Kindheit besonders aktiven emotionalen und irrationalen limbischen System heraus, sondern er nutzt seine herangereiften Gehirnareale der Großhirnrinde. Er nutzt also die Gehirnteile, die am reifsten und am bewusstesten sind, in dem Wissen, dass er sich ständig weiterentwickelt und sich deshalb auch ständig verändert. Er gibt sich selbst den Raum, sich zu verändern und sich selbst immer wieder neuen, lebendigen Ausdruck zu verleihen. Das nennt man erwachsen sein.

Echtes Erwachsensein bedeutet, wahrhaft frei zu sein, weil wir bereit und in der Lage sind, die Folgen unserer Entscheidungen voll und ganz zu tragen.

Das klingt schon erstrebenswerter, nicht wahr? Diesen inneren Erwachsenen gibt es auch in Ihnen. Es ist der am meisten gereifte Anteil in Ihnen. Es wäre klug, diesem inneren Anteil die Zügel Ihres Lebens in die Hand zu geben. Wie, darum kümmern wir uns später. Jetzt lernen wir ihn zunächst einmal kennen. Die Übung basiert auf der Arbeit mit dem leeren Stuhl (siehe Seite 10).

ÜBUNG 3: TREFFEN SIE IHREN INNEREN ERWACHSENEN

- *Holen Sie sich etwas zu schreiben oder ein Diktiergerät. Stellen Sie zwei Stühle einander gegenüber. Zwei Kissen tun's auch, wenn es Ihnen nichts ausmacht, auf dem Boden zu sitzen. Einer der beiden Sitzplätze ist Ihrer, der andere gehört dem inneren Erwachsenen, auch wenn Sie ihn noch nicht kennen. Wählen Sie, welcher der Plätze Ihr eigener ist.*
- *Setzen Sie sich auf den Sitzplatz, den Sie zu Ihrem eigenen erkoren haben. Atmen Sie ein paarmal tief durch und stellen Sie sich vor, Ihnen gegenüber sitzt Ihr reifster, am meisten erwachsener Anteil. Nun beantworten Sie sich selbst folgende Fragen, schriftlich oder per Diktiergerät:*

- *Wie geht es Ihnen auf Ihrem eigenen Platz im Wissen, der innere Erwachsene sitzt Ihnen gegenüber?*
- *Wie alt fühlen Sie sich?*
- *Sind Sie eher unsicher oder fühlen Sie sich beschützt und wohl in der Gegenwart des inneren Erwachsenen?*
- *Nachdem Sie diese Fragen beantwortet haben, wechseln Sie bitte den Platz. Setzen Sie sich bewusst auf den Platz des inneren Erwachsenen in dem Wissen: Das sind Sie ebenfalls. Atmen Sie wieder ein paarmal tief durch und erlauben Sie, dass Sie sich hier anders fühlen als normalerweise. Sie sind hier vermutlich klarer, nüchterner und Sie haben mehr Weitblick. Es kann eine kleine Weile dauern, bis Sie sich einfühlen, es kann aber auch ganz schnell gehen. Das Wichtigste: Glauben Sie sich das, was Sie hier wahrnehmen. Das sind auch Sie.*
- *Schreiben Sie nun auf, was der innere Erwachsene zu sagen hat, oder sprechen Sie es in Ihr Diktiergerät. Beantworten Sie folgende Fragen, ohne lange nachzudenken:*
  - *In welchen Lebensbereichen wäre ich mutiger und zugleich entspannter, würde der innere Erwachsene die Lebenszügel in die Hand nehmen?*
  - *Welche Lebensbereiche würde ich anders handhaben?*
  - *Welche Entscheidungen könnte ich treffen?*
  - *Wie würde ich mich fühlen?*
- *Setzen Sie sich nun wieder auf den ersten Platz. Fühlen Sie den Unterschied zwischen den beiden Plätzen? Bemerken Sie, wie viel klarer der innere Erwachsene ist als Sie selbst, wenn Sie auf Ihrem eigenen Platz sitzen? Das darf so sein. Auf Ihrem eigenen Platz sind Sie in Kontakt mit allem, was Sie sind, während der Platz des inneren Erwachsenen nur Ihren reifsten und am meisten bewussten Anteil spiegelt.*

In der Übung haben Sie erlebt, dass Sie einen inneren Anteil haben, der relativ unbehelligt ist von dem emotionalen Rucksack, den Sie seit Ihrer Kindheit mit sich herumschleppen. Außerdem ist dieser innere Anteil derjenige, der an seinem eigenen und damit an Ihrem gesamten Glück interessiert ist, weil für ihn alles andere gar keinen Sinn ergibt. Jubeln Sie und feiern Sie sich! Das ist eine sehr gute Nachricht!

Sollten Sie nun nicht einfach innerlich den Fokus wechseln und diesem inneren Erwachsenen die Kontrolle überlassen? Ja und nein. Es ist eine sehr gute Idee, aus dem inneren Erwachsenen heraus das äußere Leben zu gestalten, doch er kann noch sehr viel mehr. Er ist in der Lage, dem inneren Kind den Rucksack abzunehmen und ihn radikal auszusortieren. Und das wird er auch tun.

Es ist der innere Erwachsene, der unserem inneren Kind geben kann, was es braucht, damit es sich in uns sicher und geborgen fühlt.

Es ist wunderbar, dass Sie Ihren inneren Erwachsenen kennengelernt haben, herzlichen Glückwunsch! Sie können ab sofort immer dann, wenn eine Entscheidung ansteht, diese Übung nutzen und den inneren Erwachsenen um seine werte Meinung und um seine Klarheit und Kraft bitten.

Sind Sie nun bereit, sich mit neuer Kraft erneut Ihren alltäglichen Gefühlen, Ihrem emotionalen Reiseproviant zuzuwenden? Wenn nicht, machen Sie eine Pause. Sie haben über den Teil im Gehirn gelesen, der nur kreativ wird und Neues verarbeitet, wenn Sie sich ausruhen. Geben Sie ihm die Gelegenheit dazu und machen Sie später weiter.

IHR MUTIGER SCHRITT INS EIGENE INNERE

Durch das Tortendiagramm haben Sie erkannt, wie Sie sich den ganzen Tag fühlen, und es ist Ihnen klar geworden, warum das so ist. Sie wissen auch, dass es unterschiedliche Anteile in Ihnen gibt, die ganz verschiedene Gefühle haben und die Welt auf unterschiedliche Weise wahrnehmen. Was für das innere Kind eine Katastrophe ist, könnte der innere Erwachsene entspannt regeln, das wurde an unseren vier Beispielen deutlich. Was Sie noch nicht wissen, ist, wie Sie Ihre Gefühle ändern können. Dazu ist es notwendig zu erkennen, welcher jeweilige innere Anteil in Ihnen diese Gefühle hat, und vor allem, was er braucht.

In der nachfolgenden Übung befassen wir uns in einer bestimmten Reihenfolge mit unseren Gefühlen. Diese Reihenfolge können Sie beliebig ändern, doch bitte schauen Sie sich alle Punkte an. Im ersten Schritt ist die Übung ausführlich erklärt, egal, mit welchem Gefühl Sie dann letztlich beginnen.

ÜBUNG 4: WELCHE INNEREN ANTEILE SIND AN WELCHEN GEFÜHLEN BETEILIGT?

- *Nehmen Sie sich erneut Ihr Tortendiagramm vor, außerdem brauchen Sie ein Extrablatt Papier und einen Stift.*
- *Beginnen wir mit der Freude. Denken Sie an eine alltägliche Situation, in der Sie sich gut fühlen und voller Glück sind. Nun bitten Sie innerlich darum, dass sich die inneren Anteile zeigen, die an dieser Freude beteiligt sind. Das mag Ihnen seltsam vorkommen, doch es ist nichts anderes als die Arbeit mit dem leeren Stuhl (siehe Seite 10). Ihre inneren Anteile wollen sich zeigen, damit Sie sie verstehen.*
    - *Wen machen Sie in Ihrem Alltag durch Ihr Verhalten glücklich? Ein inneres Kind, das sich freut, wenn Sie zum Beispiel mit Ihrem Hund spielen? Den inneren Erwachsenen, der eine Tätigkeit ausführt, die ihn erfüllt? Ein inneres Kind, das abends einen Film schauen darf, also im übertragenen Sinne eine Gutenachtgeschichte erzählt bekommt? Es können über den Tag verteilt auch mehrere Anteile sein. Je mehr innere Anteile wir glücklich machen, umso besser ist es.*
    - *Schreiben Sie bitte auf, welche inneren Anteile der Freude zugeordnet sind und in welcher Situation Sie Freude*

erleben. Sie brauchen die einzelnen inneren Anteile nicht akribisch zu benennen. »Kind« und »Erwachsener« genügt völlig. Zeigen sich die inneren Anteile differenzierter, dann dürfen Sie sie gern ausführlicher beschreiben.

- *Wenden Sie diese Innenschau nun für die Traurigkeit an. Glauben Sie sich, besonders dann, wenn Sie ein trauriges inneres Kind sehen. Schreiben Sie auf, welche inneren Anteile Traurigkeit in Ihren Alltag tragen.*
- *Nun machen Sie die Übung für die Wut. Es ist sicherlich schwierig für Sie, Ihre wütenden Anteile zu erkennen, doch auch wenn Sie nur eine Ahnung bekommen, wer in Ihnen wütend ist, haben Sie schon einen großen Fortschritt erzielt.*
- *Schauen Sie auf die Angst. Wenden Sie sich nach innen und fragen Sie Ihr Inneres, wer in Ihnen so viel Angst hat. Glauben Sie sich und werten Sie diesen inneren Anteil nicht ab. Er ist wichtig und hat Ihnen etwas zu sagen. Was, das hören Sie später.*
- *Die Scham verbirgt sich meistens hinter anderen Gefühlen, deshalb bitten Sie sie nun ausdrücklich, sich zu zeigen. Das ist ein großer Schritt, denn Scham ist das Gefühl, das am schwierigsten zu greifen ist. Zeigt sich Ihnen ein innerer Anteil oder zumindest eine Situation, in der die Scham regieren könnte, dann ist das ein Vertrauensbeweis Ihres Inneren an Sie.*

ÜBER DIE SCHAM

Sie haben schon einiges über die Scham gelesen und sie bei den vier Beispielgeschichten als Grundgefühl kennengelernt. Doch die Erklärung, worum es sich bei dem Gefühl der Scham genau handelt, ist Ihnen das Buch bislang schuldig geblieben. Befassen wir uns also jetzt etwas näher damit.

Scham ist eines der Gefühle, das wir am schwierigsten greifen können, denn toxische Scham entsteht zumeist in einem

Alter, in dem wir noch nicht sprechen konnten. Scham erleben wir, wenn wir mit dem, was wir uns wünschen, was uns Freude macht, was wir brauchen, abgewertet werden. Kinder glauben in einem bestimmten Alter nicht, dass sie etwas falsch gemacht haben, sondern dass sie falsch sind. Sie können nicht zwischen ihren Handlungen und ihrem Selbst unterscheiden. Kinder SIND ihre Handlungen, ihre Gefühle und ihre Bedürfnisse.

Wird das Bedürfnis eines Kindes nicht gesehen, macht sich jemand über das Kind lustig oder erlebt es Missbilligung, weil es etwas möchte, etwas braucht oder etwas tut, dann erlebt es sich selbst als falsch. Es denkt nicht einmal, dass es nicht gut genug ist, obwohl auch das bereits zerstörend sein kann. Es denkt, dass es in seiner ganzen Existenz falsch ist. Nicht umsonst sagt man, man möchte aus Scham am liebsten im Boden versinken – als Synonym dafür, dass man am liebsten gar nicht mehr da wäre. Scham ist deshalb so toxisch, weil man sie nicht kurieren kann, außer, man verschwindet. Hat man etwas falsch gemacht, dann hilft es, wenn man diese Handlung wieder gut macht. Man hat in den meisten Fällen eine Chance. Ist man aber insgesamt falsch, dann kann man nur versuchen, so wenig Raum wie möglich einzunehmen und so zu tun, als sei man nicht da.

Eine toxische Scham, die einem einredet, man wäre besser gar nicht oder als ein anderer geboren worden, verhindert, dass man glücklich, geschweige denn erfolgreich wird – außer, man baut Schicht um Schicht Grandiosität um sich auf, wie das Narzissten tun. Weiter vorne haben Sie gelesen, dass ein Narzisst andere beschämt und ihnen das Gefühl vermittelt, sie wären falsch. Daher ist es wichtig, dass Sie ein Augenmerk auf eine tief sitzende Scham haben, wenn Sie sich im co-narzisstischen Verhalten wiedererkennen. Wenn Sie in der obigen Übung Scham als Gefühl in sich erkannt haben, dann bedeutet das, dass Ihr Inneres Ihnen vertraut – denn es zeigt sich ein Anteil, der von sich glaubt, er wäre am besten gar nicht da. Offenbart er sich dennoch, dann fühlt er sich in Ihnen sicher genug, um auf sich aufmerksam zu machen. Die Amygdala meldet in Bezug auf Sie selbst und den Umgang, den Sie mit sich selbst pflegen, »keine Gefahr«, und das ist ein echter Vertrauensbeweis.

IHRE INNEREN ANTEILE UND IHR VERHALTEN

Nachdem Sie die Übung 4 durchgeführt haben, wissen Sie, dass es unterschiedliche innere Anteile gibt, die sich unterschiedlich fühlen. Wir werden uns später um diese inneren Anteile kümmern und ihnen geben, was sie brauchen, damit es allen gut geht. Doch zunächst geht es darum zu erkennen, wie sich diese Anteile in Ihrem Verhalten spiegeln.

Warum ist das wichtig? Immer dann, wenn Sie sich auf eine Weise verhalten, die Ihren emotionalen Rucksack aus Ihrer Kindheit spiegelt, verstärken Sie Ihr Gefühl, weil Sie immer wieder die gleichen Erfahrungen machen und meistens auch die gleichen Reaktionen erleben. Doch Gefühle kann man verlernen, und das ist eine gute Nachricht. Sie haben das auf schmerzliche Weise erfahren, indem Sie aufgrund schwieriger emotionaler Erlebnisse das Glück und die Unbeschwertheit Ihrer Kindheit verlernten. Das Verlernen funktioniert aber auch andersherum. Unglück kann man durch Glück verlernen, Einsamkeit durch Geborgenheit, Schmerz und Scham durch Mitgefühl, Wut durch Verständnis. Es gibt in der schon bekannten Amygdala sogenannte Löschneuronen, die dafür sorgen, dass man emotionale Erfahrungen verlernt, wenn man sie einige Male mit positiven Erfahrungen überschreibt. Das ist auch logisch, denn könnte die Amygdala nichts löschen, dann könnte sie ihre »Wetterdaten« nicht täglich auf den neuesten Stand bringen. Schauen wir uns also an, wie sich unsere alltägliche Gefühlstorte auf unser Verhalten auswirkt.

Unser Verhalten als Spiegel der Gefühle

Erinnern wir uns an die Spielkarten aus dem ersten Teil des Buches. Wir reichen sie an andere weiter als Symbol für die innere Haltung, mit der wir ihnen begegnen. Vereinfacht ausgedrückt, unterscheiden wir vier verschiedene Haltungen. Das sind zum einen die drei Stressreaktionen Flucht, Angriff und Erstarrung, die sich immer dann zeigen, wenn wir Angst oder Scham erleben. Zum anderen gibt es die offene, entspannte und freundliche Haltung, die wir immer dann einnehmen können, wenn wir uns sicher und souverän fühlen.

Selbst wenn wir traurig oder wütend sind, können wir mit offener, aufrichtiger Freundlichkeit reagieren und somit eine Herzkarte weiterreichen, sogar dann, wenn wir freundlich und bestimmt Nein sagen müssen. Nur wenn wir Angst bekommen, weil wir unsere Wut oder unsere Trauer nicht zeigen dürfen, oder wenn wir uns dafür schämen, dass wir diese Gefühle überhaupt fühlen, werden wir eine Stressreaktion zeigen.

Wir unterscheiden vier verschiedene Haltungen, mit denen wir anderen Menschen begegnen: Flucht, Angriff, Erstarrung – die drei Stressreaktionen – und die aufrichtige Freundlichkeit.

Wenn Sie ein Spielkartendeck zur Hand haben, dann holen Sie es jetzt hervor und fächern es so auf, dass Sie alle vier Farben sehen können. Haben Sie keine Karten, dann stellen Sie sich die vier verschiedenen Kartenfarben Herz, Pik, Karo und Kreuz einfach vor. Oder Sie malen die vier Symbole zur Veranschaulichung auf vier Zettel.

Schauen wir uns die vier möglichen Haltungen beziehungsweise Reaktionen anhand der Beispiele, die wir mit Jan, Dominik, Silvia und Charlotte erlebt haben, genauer an. Wir ordnen jeder Reaktion eine Kartenfarbe zu, die passend erscheint. Sie können die Farben jedoch auch anders verteilen. Schauen Sie auf Ihr Kartendeck und entscheiden Sie nach jedem Abschnitt spontan oder lesen Sie erst alle Reaktionen durch und wählen Sie hinterher. Folgen Sie hierbei Ihrer Intuition. Es sind Ihre Symbole. Sie müssen für Sie passen, damit Sie später rasch und intuitiv damit arbeiten können.

FLUCHT IST KEINE LÖSUNG – PIK

Als Fluchtreaktion bezeichnen wir jenes emotionale Ausweichmanöver, das uns in eine nicht emotionale Sicherheitszone bringt. So fühlte Silvia sich Charlotte gegenüber unsicher und begann deshalb, über allgemeine Themen zu sprechen. Sie flüchtete in einen Themenbereich, in dem sie sich sicher fühlt. Körperlich war sie zwar noch anwesend, doch emotional hatte sie sich zurückgezogen.

Natürlich kann eine Fluchtreaktion auch deutlicher aussehen: Jemand zieht sich aus dem Geschehen, aus einer Beziehung oder aus dem Leben eines anderen zurück, um nicht mehr fühlen zu müssen. Das hat nichts damit zu tun und ist nicht damit zu verwechseln, dass man sich zurückzieht, weil einem die Beziehung nicht mehr guttut – dies ist keine ängstliche Fluchtreaktion, sondern eine bewusste, aus der Liebe zu sich selbst getroffene Entscheidung und somit, auch wenn es nicht so aussehen mag, eine gespielte Herzkarte.

Zur Fluchtreaktion passt Schippe, denn das Zeichen sieht aus wie ein umgedrehtes Herz und man könnte damit den Rückzug in sich selbst symbolisieren. Doch wenn Sie eine andere Assoziation haben, dann folgen Sie bitte dieser.

ANGRIFF IST KEINE KOMMUNIKATION – KARO

Erinnern wir uns an Jan, der hinter seinem Schreibtisch sitzt und sich ärgert, als sein Freund Dominik kommt, um mit ihm das Praxisjubiläum zu feiern. Seine Reaktion war ein Angriff. Es gibt offene und verdeckte, passiv-aggressive Angriffe, doch alles sind Stressreaktionen. Jan reagiert scheinbar freundlich, indem er sagt, dass er das Praxisjubiläum vergessen hat, doch in Wahrheit ist er voller Groll. Er weiß, dass er Dominik verletzt, und tut es dennoch. Man kann ihm nichts vorwerfen, er scheint vernünftig und offen zu sein. Doch wir wissen, dass er sich ärgert und dass er sich angegriffen fühlt.

Eine solche verdeckt aggressive Reaktion, wie Dominik sie zeigt, ist besonders schwer zu erkennen. Ein ungutes Gefühl ist alles, was uns passiv-aggressive Angriffe enttarnen lässt. Genauso schwierig ist es, die eigenen passiven Angriffe zu erkennen. Doch immer dann, wenn Sie grollen und am liebsten mit der Faust auf den Tisch hauen würden, stattdessen aber zuckersüß oder scheinbar sachlich reagieren, geben Sie die Karte »Angriff« weiter, anstatt zu sagen oder sich zumindest selbst einzugestehen, was Sie wirklich denken und fühlen.

Wir können jede Spielkartenfarbe einer bestimmten emotionalen Reaktion zuordnen, um noch deutlicher zu erkennen, wie wir uns selbst verhalten.

Zu dieser Haltung passt Karo mit ihren spitzen Ecken sehr gut. Wenn Sie eine andere Assoziation haben, folgen Sie dieser.

ERSTARRUNG IST KEINE SELBSTBESTIMMTE HANDLUNG – KREUZ

In der Erstarrung sind wir zu keiner Reaktion mehr fähig. Sowohl Flucht als auch Angriff sind immer noch aktive Handlungen, wenn sie auch größtenteils innerlich stattfinden. In der Erstarrung ist es, als würden wir schockgefrieren. Denken wir an Charlotte. Sie ist so beschämt, dass sie nicht mehr anwesend zu sein scheint. Sie ist wie gelähmt und reagiert zwar scheinbar, doch in Wahrheit ist sie eingefroren. In dieser Haltung atmen wir flach und sitzen unsere Zeit ab, immer in Erwartung der nächsten emotionalen Verletzung. Wir fühlen nichts, hören wie durch Watte und können nicht mehr klar denken. Auch Dominik zeigt Erstarrung, als Jan ihn zurückweist. Er verlässt zwar das Zimmer, doch nicht, weil er flüchten will, sondern weil er nichts mehr sagen, denken oder fühlen kann. In der Erstarrung fühlen wir uns leer und vollkommen passiv. Wir können nichts an der Situation ändern, sondern nur noch ausharren, bis sie vorbei ist.

In der Erstarrung können wir uns fühlen, als wären wir, bildlich gesprochen, gekreuzigt worden. Daher könnten wir dieser Reaktion die Farbe Kreuz zuordnen. Haben Sie eine andere Symbolsprache, dann wählen Sie bitte eine andere Karte.

AUFRICHTIGE FREUNDLICHKEIT IST IMMER TRUMPF – HERZ

Fühlen wir uns sicher, können wir gelassen unsere Herzkarten weiterreichen. Wenn wir emotional bei uns bleiben, können wir aus unserer Wahrheit heraus kommunizieren, selbst dann, wenn wir unangenehme Gefühle haben, weil uns etwas nicht gefällt oder gar verletzt. Charlotte zeigt uns, wie man sich selbst eine Herzkarte gibt oder wie man es zumindest versucht: Erinnern Sie sich, als sie vor dem Spiegel stand, um sich für ihre Verabredung mit Silvia zu schminken? Gemeint ist diese Stelle: »Schluss jetzt, weist sie sich zurecht, du wirst deiner Mutter nicht erlauben, dir den Abend zu verderben, ohne dass sie überhaupt im Raum ist.« Charlotte spricht sich gut zu, das honorieren wir mit einem Herzen. Gleichzeitig weist sie sich zurecht und wir müssen das Symbol für den Angriff, vielleicht also die Karokarte, mit dazulegen. Das Herz reicht man sich selbst, indem man sich mitfühlend und schützend begegnet, ohne sich anzugreifen. Wie man das macht, dazu kommen wir später. Auch Dominik reichte Jan eine Herzkarte, als er freudig und offen in das Büro trat, um mit ihm zu feiern.

DIE KARTEN, DIE WIR VERTEILEN

Die meisten Menschen bevorzugen unbewusst eine einzige Stressreaktion, statt abwechselnd alle drei zu erleben. So kann es sein, dass Sie auf alles, was Sie verletzt, mit offener oder passiver Aggressivität reagieren. Oder Sie reagieren immer mit Erstarrung und innerlicher Ohnmacht oder mit einem Fluchtreflex. Vielleicht reichen Sie bei Stress aber auch alle drei Farben weiter und Ihr Gegenüber hat auf einmal die Hände voll mit Kreuz-, Pik- und Karokarten. Man könnte nun meinen, das wäre gut, denn dann sind Sie sie los, doch wir wissen, dass der andere Ihnen vermutlich mit den gleichen Karten antwortet. Und schon ist Ihr Rucksack wieder voll mit Nicht-Herzkarten.

Welche Reaktionen Sie anderen zeigen und welcher Anteil in Ihnen das tut, das schauen wir uns jetzt an. Dabei verlassen wir uns auf unsere Intuition. Wir haben unserem limbischen System, dem Emotionalhirn, viele Symbole angeboten, mit deren Hilfe es uns veranschaulichen kann, was sich in unserem Unbewussten versteckt: das Tortendiagramm, die echte Torte oder die Pizza und die Spielkarten. In Ihrem Inneren arbeitet es, darauf dürfen Sie sich verlassen. Ihr Unterbewusstsein hat genau zugehört, als wir über die Spielkarten in Bezug auf die emotionalen Stressreaktionen sprachen, denn Ihr Inneres will mit Ihnen kommunizieren. Da wir womöglich noch nicht bereit oder in der Lage sind, die Gefühle, die uns belasten, wirklich zu fühlen, dürfen wir unserem Unterbewusstsein Möglichkeiten bieten, mit uns zu sprechen, ohne dass wir gleich alles fühlen müssen. Spielen wir also weiter mit unserem Kartenspiel, im Wissen und im Vertrauen, dass unser Inneres dankbar die Gelegenheit annimmt, uns zu zeigen, was es uns zeigen möchte.

DIE EIGENEN REAKTIONEN IDENTIFIZIEREN

Bevor Sie in der nächsten Übung Ihre Reaktionen identifizieren, treffen Sie in paar Vorbereitungen.

Sie haben sich für eine Zuordnung der Kartenfarben zu der jeweiligen Haltung entschieden? Damit Sie diese Zuordnung nicht nur im Geist, sondern auch schwarz auf weiß von sich liegen haben, nehmen Sie bitte ein DIN-A4-Blatt zur Hand, legen es quer vor sich hin und schreiben oben in einer Reihe nebeneinander: Flucht – Angriff – Erstarrung – aufrichtige Freundlichkeit. Holen Sie Ihr Kartendeck und ordnen Sie es nach Farben. Die Werte der Karten spielen keine Rolle. Sie bilden also vier Stapel aus jeweils Herz, Karo, Pik und Kreuz und legen diese offen zur jeweils passenden Reaktion. Die Bildseite liegt oben, damit Ihr Unterbewusstsein während der nächsten Übung Zugriff auf die Symbole hat. Unter dem Wort »Flucht« liegen nun also zum Beispiel offen sichtbar Pik und so weiter. Haben Sie kein Kartendeck zur Hand, brauchen Sie ein paar Zettel. Auf jeweils fünf Zettel zeichnen Sie ein Symbol – Herz, Karo, Pik und Kreuz –, sodass am Ende unter jedem Begriff fünf gleiche Zettel liegen.

Warum dieser der Aufwand? Damit Ihre Intuition Sie erreichen kann. Selbstverständlich können Sie das alles auch einfach im Geiste durchführen, doch um verdrängte Gefühle hervorzuholen, ist es sehr hilfreich, wenn Sie sämtliche Sinne miteinbeziehen. Je deutlicher und vor allem bewusster Sie erkennen, welche Gefühle Sie verdrängt und welche Auswirkungen diese auf Ihr Leben haben, desto leichter fällt es Ihnen später, Mitgefühl mit dem inneren Kind zu entwickeln, das all diese Gefühle aushalten muss, und diese schmerzlichen Gefühle in die Heilung zu bringen.

Nun beschriften Sie fünf Briefumschläge jeweils mit »Wut«, »Freude«, »Scham«, »Angst« und »Trauer« und legen sie neben das Blatt. Wir brauchen sie am Ende der nachfolgenden Übung.

Alles geordnet? Sehr gut. Nun tun wir das, was Wahrsager machen, um in die Zukunft zu schauen: Wir legen intuitiv die Karten. Sie trauen sich das nicht zu? Probieren Sie es aus. Sie können dabei nichts falsch machen und werden vielmehr überrascht sein. Und Ihr inneres Kind liebt es sowieso, spontan sein zu dürfen.

Unser Unterbewusstsein nutzt intuitiv die Symbole, die wir ihm anbieten, um uns bewusst zu machen, was in uns geheilt werden möchte.

ÜBUNG 5: IDENTIFIZIEREN SIE IHRE REAKTIONEN

- *Vor Ihnen liegen die vorbereiteten Kartenstapel. Außerdem brauchen Sie Ihr Tortendiagramm, ein leeres Blatt und etwas zu schreiben.*
- *Beginnen Sie nach Belieben mit einem der fünf Gefühle Ihres Tortendiagrammes und erinnern Sie sich an eine Situation in Ihrem Alltag, in der Sie sich entsprechend fühlen. Mit diesem Gefühl wenden Sie sich Ihren Kartenstapeln zu. Greifen Sie spontan nach den Karten, die zu diesem Gefühl passen. Denken Sie nicht nach, sondern nehmen Sie alle Karten, die jetzt »zu Ihnen wollen«.*
- *Es kann sein, dass Sie für ein bestimmtes Gefühl drei oder vier unterschiedliche Karten in der Hand halten, vielleicht auch nur eine einzige oder mehrere eines bestimmten Stapels. Legen Sie die Karten auf dem Tortendiagramm bei dem entsprechenden Gefühl ab. Wenn Sie mit Zetteln arbeiten, legen Sie die ausgewählten Symbol-Zettel neben das Torten-*

stück, das Sie sich gerade anschauen, und machen pro Symbol so viele Striche, wie Sie intuitiv wollen.

- *Versetzen Sie sich nun nacheinander in alle fünf Gefühle und ziehen Sie auf die beschriebene Weise intuitiv Ihre Karten. Sollten Ihnen die Karten eines bestimmten Stapels ausgehen, nehmen Sie einen Stift, zeichnen das entsprechende Kartensymbol neben das Tortenstück, das Sie sich gerade anschauen, und machen so viele Striche pro Symbol, wie Sie intuitiv wollen. Oder Sie holen einfach ein zweites Kartendeck.*
- *Nun liegen fünf Kartenstapel auf dem Tortendiagramm. Fächern Sie sie auf und lassen Sie sie offen bei den jeweiligen Gefühlen liegen. Wir brauchen diese Zuordnung noch.*
- *Schreiben oder zeichnen Sie die vier Kartensymbole untereinander auf das leere Blatt Papier. Machen Sie für jede gezogene Karte einen Strich beim jeweiligen Symbol. Wenn Sie alle gezogenen Karten erfasst haben, zählen Sie die Striche zusammen.*
- *Beantworten Sie sich folgende Fragen: Welches Kartensymbol haben Sie intuitiv am häufigsten gezogen? Zu welcher Handlung gehört es? Reagieren Sie auf alle (Stress-)Gefühle mit dem gleichen Kartensymbol oder sind die Symbole gleichmäßig vertreten? Gibt es viele oder wenige Herzkarten? Und bei welchem Gefühl haben Sie die meisten Karten gezogen?*

Beenden Sie die Übung, indem Sie die den Gefühlen zugeordneten Kartenstapel in die entsprechenden Briefumschläge legen. Die übrig gebliebenen Karten schieben Sie zusammen und legen sie in ihre Verpackung zurück, wir brauchen sie nicht mehr. Verstauen Sie alles wieder im Rucksack.

DIE INNEREN ANTEILE DEN HALTUNGEN ZUORDNEN

Glückwunsch! Sie haben etwas geschafft, das Ihnen vermutlich gar nicht bewusst ist. Sie haben intuitiv erkannt, welche Haltung beziehungsweise Stressreaktion Sie zeigen, ohne dass sich Ihre natürliche Abwehr eingeschaltet hat! Das ist ein Meilenstein auf Ihrem Weg zu sich selbst. Denn wir können ganz sicher sein: Ihre bevorzugte Stressreaktion, sei es Angriff, Erstarrung oder Flucht, war lebensrettend, als Sie Kind waren.

In Übung 4 haben Sie herausgefunden, welcher innere Anteil an welchen Gefühlen beteiligt ist. Nun können Sie erkennen, auf welche Weise dieser Anteil üblicherweise reagiert. Dafür ordnen wir im nächsten Schritt Ihre Kartensymbole den inneren Anteilen zu. Es kann sein, dass Ihr inneres Kind auf Scham und Trauer mit Flucht nach innen, also mit Rückzug, reagiert, auf Angst und Wut dagegen mit Angriff, sei es aktiv oder passiv-aggressiv. Vielleicht reagiert der innere Erwachsene auf Wut mit Aggression, doch das innere Kind erstarrt.

Wozu machen wir das? Wir brauchen Erkenntnis und ein Bewusstsein für unsere verdrängten Gefühle, damit wir bereit werden, sie zu fühlen.

Unterschätzen Sie nicht, wie stark Verdrängung und die Vermeidung von Schmerz wirken können. Wenn Sie wissen, welcher Anteil in Ihnen wie reagiert, haben Sie ein sehr wertvolles Werkzeug, mit dem Sie in Ihrem Alltag erkennen können, wer gerade am Steuer sitzt: der gereifte, erwachsene Anteil, der gelassen und souverän sein Leben meistert, oder das überforderte innere Kind, das in den uralten Rucksack greift und die oben liegenden, abgegriffenen, weil am häufigsten gespielten Karten zückt.

Bewusstsein über unsere Gefühle gibt uns die Möglichkeit, unsere Reaktion noch einmal zu überprüfen und gegebenenfalls anders zu handeln.

Wir schauen uns nun also an, welcher innere Anteil auf welche Weise reagiert, soweit das möglich ist. Sie dürfen Ihre Gefühle in der für Sie stimmigen Reihenfolge erforschen. Am Anfang wird erklärt, wie die Übung für alle Gefühle funktioniert.

ÜBUNG 6: WELCHER INNERE ANTEIL NIMMT WELCHE HALTUNG EIN?

- *Sie brauchen Ihr Tortendiagramm, die Aufzeichnungen von Übung 4 und die Kartenstapel aus Übung 5. Legen Sie die Kartenstapel zu den entsprechenden Gefühlen auf das Tortendiagramm.*
- *Beginnen Sie zum Beispiel mit der Angst. Legen Sie Ihre Reaktionskarten zu »Angst« vor sich hin. Schauen Sie auf Ihre Aufzeichnungen aus Übung 4 und befassen Sie sich mit diesen Fragen:*
  - *Wer in Ihnen hat vorwiegend Angst? Ist es das innere Kind oder der innere Erwachsene?*
  - *Können Sie auch die Reaktionen, also Flucht, Angriff, Erstarrung oder aufrichtige Freundlichkeit, einem inneren Anteil zuordnen? Haben Sie beispielsweise bei der Angst eine Menge Pikkarten gezogen und gleichzeitig, vielleicht zu Ihrer eigenen Überraschung, zu einer Herzkarte gegriffen, stellt sich diese Frage: Ist es der innere Erwachsene, der sogar beim Thema Angst freundlich und wahrhaftig offen bleiben kann, während das innere Kind mit einer Handvoll Pikkarten seine Flucht nach innen symbolisieren will? Auch »Erwachsenenängste« wie zum Beispiel die Sorge, dass nicht genug Geld da ist, können aus dem inneren Kind kommen, das befürchtet, allein und verlassen zu sein, weil es nicht genug hat.*
  - *Wenn Sie nicht weiterkommen, dann stellen Sie sich folgende Frage: Was wäre, wenn Sie es wüssten?*

- *Führen Sie diese Zuordnung für alle fünf Gefühle durch. Das müssen Sie nicht an einem Tag machen, nehmen Sie sich Zeit dazu. Kommen Sie wirklich nicht weiter, dann lassen Sie Ihr Ergebnis einfach so stehen. Sie haben im Verlauf des Buches noch sehr viel Gelegenheit, sich Ihren inneren Anteilen zu nähern.*

Es kann sein, dass Sie sich während der Übung nicht gut fühlen. Das darf so sein. Es geht bei dieser Übung nicht darum, dass Sie sich GUT fühlen, sondern darum, dass Sie sich FÜHLEN. Machen Sie sie dennoch. Bitte.

Wenn Sie nach und nach alle fünf Gefühle den entsprechenden Reaktionen und den inneren Anteilen zugeordnet haben, sind Sie ein großes Stück weiter auf Ihrem Weg der Erkenntnis. Es ist Ihnen womöglich nicht bewusst, doch Sie haben den schweren Rucksack geöffnet und sind dabei, ihn auszuräumen. Wunderbar. Das machen Sie sehr gut, denn es ist eines der schwersten Dinge, die man auf diesem Planeten für sich tun kann.

STRESSREAKTIONEN ÜBERSCHREIBEN

Wir haben bisher mit vielen Symbolen gearbeitet, um Ihren Gefühlen und den dazugehörigen Reaktionen in Ihrem Alltag auf die Spur zu kommen. Symbole eröffnen uns den Weg zu unserem Unterbewusstsein. Ihr Unbewusstes kommuniziert vor allem über Gleichnisse und über innere Bilder. Nun gehen wir einen Schritt weiter.

Damit wir unsere alten und immer noch aktuellen Gefühle verändern können, genügt es nicht, von ihnen zu wissen. Sie erinnern sich sicher an die Amygdala. Dieser Teil unseres Gehirns lernt und verlernt nur und ausschließlich über Gefühle, nicht über Erkenntnis. Damit die Amygdala ihre Stressreaktionen verlernt, brauchen wir echte neue emotionale Erfahrungen. Wenn wir jeden Tag die alten Verhaltensmuster wiederholen, können wir diese neuen Erfahrungen nicht machen. Wir könnten uns nun bewusst anders verhalten, und das ist auch hilfreich und sinnvoll. Es überschreibt aber noch nicht die ursprünglichen Erfahrungen, die überhaupt dazu geführt haben, dass wir diesen schweren Rucksack mit uns herumschleppen.

Um den Mut zu fassen, unsere wahren Gefühle zu fühlen, müssen wir lernen, uns mithilfe des inneren Erwachsenen in uns selbst sicher und geborgen zu fühlen.

Wenn wir uns im Alltag anders verhalten, dann ist das wunderbar und wir fühlen uns wohl damit. Doch den Rucksack tragen wir immer noch. Um ihn wirklich auszuleeren, müssen wir einen weiteren Blick hineinwerfen. Dazu brauchen wir eine bestimmte Qualität: emotionale Sicherheit. Als Kind waren Sie zumindest in emotionaler Hinsicht nicht in Sicherheit, sonst hätte sich dieser Rucksack erst gar nicht auf diese Weise gebildet. Heute sind Sie erwachsen. Sie dürfen dafür sorgen, dass Sie in Sicherheit sind, ja, Sie müssen sogar dafür sorgen, denn niemand anders kann das für Sie tun. Während Sie dieses Buch lesen, dürfen Sie sich ganz und gar sicher fühlen.

Damit wir weitergehen können und unsere Gefühle nicht nur anschauen, symbolisch darstellen und erkennen, sondern ab jetzt auch fühlen können, brauchen wir eine innere Kraft, die uns emotionale Sicherheit vermittelt. Sie kennen diese Kraft schon, Sie haben sie in Übung 3 kennengelernt. Es ist der sogenannte innere Erwachsene.

Im nächsten Kapitel widmen wir uns nun Ihrer emotionalen Sicherheit. Wir retten das Kind, das noch immer in Not ist und Angst hat und noch immer aus dieser Angst heraus handelt. Wir geben ihm das, was es so sehr gebraucht hätte, als es emotionalen Stress erlebte und einsam war. Dadurch können Sie sowohl Ihre Stressreaktionen, also die Spielkarten, die nicht Herz sind, als auch andere Belastungen nach und nach loslassen.

Emotionale Sicherheit als Schlüssel zur Heilung der Gefühle

Was ist das überhaupt, emotionale Sicherheit? Ganz am Anfang des Buches wurden fünf Punkte aufgezeigt, die für eine gesunde Beziehung maßgeblich sind. In Beziehungen zwischen Erwachsenen sind beide dafür verantwortlich, dass diese Punkte erfüllt werden. In der Eltern-Kind-Beziehung sieht es ein wenig anders aus. Hier tragen die Eltern Sorge für eine gesunde Beziehung zu ihren Kindern, daher ist es an ihnen, die fünf Punkte zu erfüllen. Das Kind ist zu unreif dazu, und das darf es auch sein. Die fünf Punkte sind:

1. Die Eltern nehmen die verbalen Kontaktangebote des Kindes an.
2. Die Eltern erschaffen bewusst eine wertschätzende und fürsorgliche Umgebung.
3. Die Eltern suchen bewusst nach den positiven Seiten des Kindes und gehen auch bei Ärgernissen von der besten aller Möglichkeiten aus.
4. Die Eltern begegnen dem Kind auf kindlich angemessener Augenhöhe, respektieren es und freuen sich an seiner Lebendigkeit.
5. Die Eltern übernehmen selbst die Verantwortung für ihr Wohlbefinden und sind gleichzeitig um das Wohl des Kindes bemüht.

Kurz gesagt: Emotionale Sicherheit ist das Gegenteil von Mobbing. Wertschätzende, liebevolle und mitfühlende Akzeptanz des anderen, auch wenn man anderer Ansicht ist oder nicht nachvollziehen kann, warum jemand auf eine bestimmte Weise handelt, ist die Voraussetzung dafür, dass man sich emotional sicher fühlt. Nun können wir unsere Eltern und Erziehungsberechtigten natürlich nicht ändern. Doch etwas können wir verändern, und das genügt: nämlich unsere kindlichen Erfahrungen von Einsamkeit, sich nicht geborgen zu fühlen, und das Gefühl, nicht verstanden zu werden, die dazu geführt haben, dass wir weitaus mehr Angst, Wut und Scham verspüren, als es für uns selbst und unser Leben gut ist.

ERFAHRUNGEN KÖNNEN VERÄNDERT WERDEN

Gilt denn nicht der viel zitierte Satz »Wir können unsere Vergangenheit nicht ändern«? Ja und nein. Wir können nicht ändern, was geschehen ist. Aber wir können unsere emotionalen Erfahrungen überschreiben. Sie sind keine Vergangenheit, denn sie bestimmt ja auch heute noch unser Leben, wie wir gesehen haben. Also ja, wir können die Vergangenheit nicht ändern. Doch das, was damals geschehen ist, ist heute noch emotionale Gegenwart, und deshalb können wir sehr viel tun, um uns zu befreien.

Erfahrungen können überschrieben werden, dafür brauchen wir unseren inneren Erwachsenen.

Dafür brauchen wir eine Kraft, über die wir bereits gesprochen haben und die Sie auch schon spürten: den inneren Erwachsenen. Diesen stärken wir nun, damit er sich um das innere Kind, welches all die Lasten mit sich herumschleppt, kümmern kann. Dazu müssen wir radikal umdenken. Bislang haben wir versucht, unsere Gefühle zu kontrollieren. Sie waren gut im Rucksack unserer Kindheit verpackt. Wir haben erkannt, dass diese Kontrolle nicht viel bringt, denn wir agieren dennoch aus den verletzten Gefühlen heraus. Die Kontrolle sorgt nur dafür, dass wir nicht bewusst wahrnehmen, was uns innerlich antreibt, dass wir also unsere Gefühle nicht spüren müssen. Sie wirken aber trotzdem. Wäre es nicht großartig, wenn wir unsere Gefühle nicht mehr kontrollieren müssten, sondern lernen würden, ganz bewusst vom inneren Kind zum inneren Erwachsenen umzuschalten, ohne einen von beiden zu verleugnen?

DIE BRÜCKE ZWISCHEN ZWEI KONTINENTEN

Stellen Sie sich Ihr Gehirn wie einen Globus vor. Es gibt verschiedene Erdteile und es gibt Wasser, das diese Erdteile miteinander verbindet. Die kindlichen Verletzungen finden in einem bestimmten Erdteil statt. Bewusste, liebevolle und im besten Sinne vernünftige Selbstfürsorge ist in einem anderen Erdteil verortet.

Wenn wir unsere Gefühle kontrollieren, dann ist es so, als lebten wir auf einem Kontinent, auf dem es ständig Vulkanausbrüche, Überschwemmungen und Wirbelstürme gibt. Wir verkriechen uns in Höhlen oder bauen Trutzburgen mit dicken Mauern. Doch letztlich sind wir ständig in Gefahr und wir können nichts aufbauen. Hier hat das Emotionalhirn das Sagen. Hingegen können wir uns den inneren Erwachsenen wie einen Kontinent vorstellen, auf dem gemäßigtes, mildes und fruchtbares Klima herrscht. Wir sind in Sicherheit, müssen uns nicht ständig schützen und können deshalb Wunderbares und Dauerhaftes gestalten: gesunde Beziehungen, eine Karriere, die unserer Berufung entspricht, ganz allgemein positive Lebensumstände.

Sich auf einem Kontinent aufzuhalten, auf dem es stürmt und tobt, klingt nicht sehr verlockend, aber wir lassen ihn, wie er ist, denn, und das ist wichtig: Wir brauchen die Lebendigkeit und die ständige Veränderung. Die Naturkräfte, die dort herrschen, stellen sicher, dass wir uns entwickeln und entfalten, so wie Vulkanausbrüche den Druck im Erdinneren verringern, die Erdoberfläche verändern und für Fruchtbarkeit sorgen. Wir brauchen diesen Kontinent, versuchen aber nicht, hier unseren stabilen Dauerwohnsitz zu errichten.

Doch wie gelangen wir vom Kontinent der Stürme und Vulkanausbrüche, dem limbischen System, in dem irrationale Gefühle vorherrschen, auf den Kontinent der Vernunft, des Bewusstseins und der liebevollen Selbstfürsorge? Und wie können wir die Naturgewalten, die auf dem Kontinent des limbischen Systems herrschen, trotzdem nutzen?

Um von Kontinent zu Kontinent zu gelangen, ist Vertrauen entscheidend: Vertrauen in uns selbst und in das, was wir wahrnehmen.

Um vom Kontinent »Limbisches System« zum Kontinent »Cortex« zu gelangen, müssen wir etwas tun, das uns ein wenig Angst macht: Wir müssen den festen Boden der »Tatsachen« verlassen. Bleiben wir im Bild: Wie kommen wir zum Beispiel von Europa nach Amerika? Per Schiff oder per Flugzeug. Beide Male müssen wir uns einem Element anvertrauen, in dem wir uns nicht sicher fühlen, dem Wasser oder der Luft. Das Wesentliche ist dabei das Anvertrauen. Was ist mit »Wasser« oder »Luft« sinnbildlich gemeint? Wir dürfen und müssen etwas tun, das wir noch nicht gut können, und dennoch ist es wichtig: Wir müssen unseren Wahrnehmungen, dem, was wir fühlen und innerlich wissen, vertrauen. Und genauso, wie es Menschen mit Flugangst und Menschen mit Seekrankheit gibt, kann es sehr gut sein, dass sich alles in Ihnen sträubt, den festen Boden dessen, was Sie bisher für Ihre Wirklichkeit hielten, zu verlassen.

Allerdings haben Sie die Schiffs- oder die Flugreise, die Sie vom gewohnten Land der irrationalen und verletzten Gefühle zu neuen Ufern bringt, bereits gebucht. In dem Moment, in dem Sie sich Ihrem Tortendiagramm gewidmet haben, haben Sie bei

Ihrem inneren Reisebüro das Ticket bestellt. Sie signalisierten Ihre Bereitschaft, sich selbst neu zu ordnen. Jetzt treten wir gemeinsam die Reise an.

DER INNERE ERWACHSENE GARANTIERT EMOTIONALE SICHERHEIT

Sie haben den inneren Erwachsenen und seinen Kontinent schon in Übung 3 kennengelernt. Erinnern wir uns: Sie stellten zwei Stühle einander gegenüber und imaginierten, dass der »Erwachsene«, wer auch immer das in Ihnen sein mochte, sich zeigt. Es gibt ihn also, Sie haben ihn gespürt. Allerdings haben Sie ihn wahrscheinlich wieder »vergessen«. Der Gehirn-Kontinent der Gefühle, auf dem es stürmt und auf dem die Vulkane aktiv sind, ist entwicklungsgeschichtlich älter als das fruchtbare, gemäßigte Land der bewussten, mitfühlenden Vernunft. Daher rutschen wir im Alltag immer wieder in alte Verhaltensweisen zurück.

Für die nächsten Übungen nutzen wir eine Technik, die Sie in diesem Buch noch nicht kennengelernt haben. Ich biete sie Ihnen erst jetzt an, weil sie bedeutet, dass wir wirklich den Landweg verlassen und uns auf den See- oder den Luftweg begeben müssen. Die Rede ist von inneren Reisen. Um eine innere Reise zu unternehmen, brauchen wir ein Werkzeug, das Sie vielleicht noch nicht so gut kennen: Ihr Vertrauen in Ihre Wahrnehmung. Ihre innere Wahrnehmung funktioniert auf ihre eigene Weise, und je mehr Sie sich selbst erlauben, die inneren Geschehnisse so wahrzunehmen, wie es Ihnen entspricht, desto leichter kommen Sie mit sich selbst in Kontakt.

Ob Sie auf Ihren inneren Reisen auf dem Wasser unterwegs sind, also die Dinge über Gefühle wahrnehmen, oder in der Luft, also die Gedanken im Vordergrund stehen, ergibt sich von selbst.

Den »Seeweg« der inneren Erkenntnis zu nehmen bedeutet:

- Sie nehmen Ihre innere Wahrheit in erster Linie über Gefühle wahr. Im Schamanischen steht das Element Wasser für Gefühle, für Ahnungen, für das innere, formlose Fließen. Sie können das, was Sie wahrnehmen, noch nicht in Worte fassen, doch Sie wissen, was Sie wissen.
- Sie können sich erlauben, auch einmal etwas nicht zu verstehen und es dennoch für wahr zu halten, sich also selbst zu glauben, auch wenn Ihre Wahrnehmung zunächst keinen logischen Sinn zu ergeben scheint.
- Sie haben keine oder nur unwesentliche Angst vor unangenehmen Gefühlen.

Den »Luftweg« der Erkenntnis zu nutzen bedeutet:

- Sie nehmen Ihre innere Wahrheit in erster Linie über klare Gedanken wahr. Im Schamanischen steht das Element Luft für geistige Klarheit und für eine übergeordnete, nur wenig emotionale Sicht der Dinge.
- Sie können es sich erlauben, ungewöhnliche und geistesblitzartige Gedanken zu denken, auch wenn Sie noch nicht erkennen, wie sich Ihre neuen, großen Gedanken in Taten umsetzen lassen.
- Sie haben keine Angst vor »größenwahnsinnigen« Gedanken, die zum Beispiel den Lehren einer Kirche oder den Glaubenssätzen Ihrer Familie widersprechen.

Sie können vermutlich nicht selbst entscheiden, ob Sie auf Ihren inneren Reisen den Seeweg nehmen oder in der Luft unterwegs sind. Doch keine Sorge, beide Wege sind richtig und beide führen zum Ziel. Unser Inneres hat seinen eigenen Weg. Es kann auch sein, dass sich beide Wege mischen. Wichtig ist, dass Sie sich selbst erlauben, Ihre innere Wahrheit so zu erkennen, wie sie erkannt werden will, und dass Sie nicht an bestimmten Vorstellungen darüber, wie Sie etwas in Ihrem Innern sehen, fühlen oder hören sollten, festhalten.

Sind Sie bereit? In der folgenden Übung lernen Sie Ihren inneren Erwachsenen näher kennen und erfahren von ihm, was er für das innere Kind tun kann. Auf den Seiten 136 und 137 finden Sie jeweils ein kleines Sonderkapitel »Hilfe, das hat nicht geklappt!«. Sollte während der inneren Reise etwas komisch sein, dann erfahren Sie dort, was Sie tun können.

Für alle inneren Reisen gilt:

Legen Sie sich etwas zum Schreiben bereit, damit Sie nach der Übung gleich notieren können, was Sie auf Ihrer Reise gesehen, gehört, gefühlt, erlebt haben. Wenn Sie mögen, lassen Sie sich die Reise vorlesen oder Sie nehmen den Text auf und spielen ihn ab. So können Sie sich noch besser auf die Reise konzentrieren.

Nach jeder inneren Reise nehmen Sie sich bitte ein wenig Zeit. Spüren Sie nach und schreiben Sie Ihre Erlebnisse auf. Es ist wenig hilfreich, die Reise logisch zu durchdenken. Ihr Inneres arbeitet mit Symbolen und zeigt Ihnen vorwiegend Zusammenhänge, die Sie noch nicht kennen, also auch nicht logisch durchdenken können. Erlauben Sie sich, die Reise in Ihnen wirken zu lassen. Die Erkenntnisse kommen dann von ganz allein.

ÜBUNG 7: DIE REISE ZUM INNEREN ERWACHSENEN

- *Sorgen Sie dafür, dass Sie ungestört sind, und machen Sie es sich bequem. Lesen Sie die Schritte durch und folgen Sie dann der inneren Reise. Wenn es Ihnen lieber ist, lassen Sie sich die Reise vorlesen.*
- *Entspannen Sie sich und entscheiden Sie sich dafür, dem, was Sie während der Reise in sich wahrnehmen, zu glauben, auch*

wenn Sie es nicht sofort verstehen. Es gibt für Sie nichts mehr zu tun, als hier zu sein und sich selbst zu spüren.

- *Stellen Sie sich jetzt vor, Sie gehen durch ein Tor und betreten eine wunderschöne Landschaft.*
- *Sie sind jetzt in dieser inneren Landschaft und fühlen sich ruhig und sicher. Sie gehen einen Weg entlang und sehen einen Teepavillon wie aus alten Zeiten. Er ist zauberhaft gestaltet und Sie gehen voller Freude auf ihn zu. Im Pavillon wartet eine Gestalt auf Sie. Das fühlt sich sehr gut an.*
- *Sie betreten den Pavillon und nehmen die Gestalt deutlich wahr. Sie muss nicht menschlich aussehen. Es kann auch eine Lichtgestalt sein oder vielleicht ein Krafttier oder eine Märchenfigur – eine Figur, mit der Sie positive Eigenschaften verbinden und die Ihnen Sicherheit vermittelt. Die Gestalt ist leuchtend und auf sehr gute Weise machtvoll. Sie fühlen, dass Sie ihr vollkommen vertrauen können. Es ist Ihr innerer Erwachsener, auch wenn er womöglich ganz anders ist, als Sie es sich vorgestellt haben.*
- *Sie setzen sich zu dieser Gestalt und genießen ihre Sicherheit gebende Kraft. Erlauben Sie, dass diese Kraft durch Sie hindurchströmt und Ihnen Gelassenheit und innere Stärke schenkt.*
- *Fragen Sie die Gestalt in Gedanken: »Was kannst du für mich und für mein inneres Kind tun? Was kannst du ihm geben?« Erlauben Sie sich, innere Bilder, Ahnungen, Gefühle und Wissen zu empfangen. Sie brauchen nicht alles zu verstehen. Ihr innerer Erwachsener zeigt Ihnen Ihre eigene Kraft. Sie brauchen nicht zu wissen, wie sich diese Kraft im Alltag umsetzt, erlauben Sie, dass sie sich zunächst zeigt. Um das »Wie« kümmern wir uns später. Es kann sein, dass sich Szenen aus Ihrer Kindheit zeigen, die Sie vergessen haben. Jetzt, wo Ihr innerer Erwachsener da ist und Ihnen Halt gibt, können Sie es sich erlauben, tiefer in Ihren Rucksack hineinzuschauen und zu fühlen, was Sie damals nicht fühlen*

konnten. Lassen Sie alles so sein, wie es ist. Mehr gibt es im Moment nicht zu tun.

- *Nach einer Weile ebben die inneren Bilder und Wahrnehmungen wieder ab. Sie haben Ihre eigene Stärke kennengelernt.*
- *Danken Sie Ihrem inneren Erwachsenen und verabschieden Sie sich von ihm. Stehen Sie auf, verlassen Sie das Teehaus, gehen Sie zurück zum Tor und kommen Sie wieder zurück in den Raum, in dem Sie sich befinden.*

Spüren Sie nach und schreiben Sie auf, was Sie auf Ihrer Reise erlebt haben.

Normalerweise verbindet man »Erwachsensein« damit, zu funktionieren und sich anzupassen. Doch in Wahrheit bedeutet es das Gegenteil. Wenn wir wirklich erwachsen – heißt: gereift – sind, dann können wir bewusst und selbstbestimmt in innerer Freiheit unser Leben feiern. Wir können tun, was wir wollen, weil wir die Kraft haben, die Konsequenzen unserer wohldurchdachten und durchfühlten Handlungen zu tragen. Wir übernehmen die Verantwortung dafür, dass wir unser Leben in Fülle und Liebe gestalten, anderen und uns selbst also Herzkarten statt Stressreaktionen weiterreichen.

Ihr innerer Erwachsener ist vielleicht ganz anders, als Sie ihn sich vorgestellt haben.

Dieser innere Erwachsene sorgt, wenn er aktiviert ist, dafür, dass wir uns dem verletzten Anteil in uns zuwenden können. Das haben Sie mit der Übung getan: Sie haben Ihren inneren Erwachsenen aktiviert, indem Sie Kontakt mit ihm aufgenommen und ihn gespürt haben. Egal, wie er sich Ihnen gezeigt hat, Sie haben erkannt, dass es eine innere Kraft ist, der Sie vertrauen können und die weitaus machtvoller ist, als Sie es von sich bislang glaubten. Falls das nicht der Fall ist, war es nicht Ihr innerer Erwachsener, den Sie getroffen haben. Dann lesen Sie hier weiter, ansonsten überblättern Sie das folgende Kapitel einfach.

HILFE, DAS HAT NICHT GEKLAPPT!

Die Gestalt, in der sich Ihr innerer Erwachsener zeigt, spielt keine Rolle. Wichtig ist das, was Sie gespürt oder gewusst haben, als Sie ihn getroffen haben: dass es eine sehr große, starke, machtvolle innere Kraft ist, der Sie vertrauen können. War das bei Ihrer inneren Reise nicht der Fall, haben Sie nicht Ihren inneren Erwachsenen getroffen, dann gibt es andere innere Anteile, die sich zeigen wollen, weil sie etwas brauchen oder weil es wichtig ist, dass sie von Ihnen gesehen werden. Sie dürfen Ihrem Inneren ganz und gar vertrauen: Es verzapft keinen Unsinn. Auch wenn Sie mit den inneren Bildern noch nichts anfangen können, dürfen Sie darauf vertrauen, dass sie stimmen.

Wenn wir die inneren Bilder nicht verstehen

Wie aber gehen wir mit inneren Bildern um, wenn wir sie nicht verstehen, vor allem, wenn wir nur ein Buch in der Hand halten, das nicht antworten kann?

- Wenn Sie wirklich nicht klarkommen, dann suchen Sie sich Hilfe. Bitte scheuen Sie sich nicht, zuzugeben, dass Sie Hilfe brauchen, wenn es so ist. Wir befassen uns in diesem Buch mit dem am meisten verletzten inneren Anteil, dem inneren Kind. Es ist nur natürlich, dass wir uns dabei Unterstützung wünschen.
- Vertrauen Sie darauf, dass sich nur das zeigt, womit Sie auch umgehen können. Wenn Sie Ihre eigene innere Sprache nicht verstehen, dann nur, weil Sie beide, Ihr Inneres und Sie, noch nicht vertraut miteinander sind. Fragen Sie einfach noch mal nach! Ja, wirklich. Wenn Sie ein inneres Bild nicht verstehen, dann bitten Sie während der inneren Reise darum, dass es sich deutlicher oder auf eine andere Weise zeigt. Das funktioniert in den allermeisten Fällen. Wenn nicht, kommen Sie auf Punkt eins zurück.

Wenn der innere Anteil nicht zu Ihnen gehört

Auch wenn es sich merkwürdig anhört, kann es sein, dass Sie erkennen: Ein innerer Anteil, den Sie wahrnehmen, gehört gar nicht zu Ihnen. Was soll das bedeuten? Sie können sich bestimmt vorstellen, dass wir im Laufe der Zeit Energie von anderen aufnehmen. So ist es möglich, dass sich bedürftige Anteile anderer Menschen zu uns gesellen, um von uns Liebe, Anerkennung und emotionale Nahrung zu bekommen. Ebenso kann es sein, dass innere Anteile, die zu Ihnen gehören, bei anderen Menschen Schutz und Halt suchen. Das klingt weitaus merkwürdiger, als es ist. Denken Sie immer daran, dass wir von Symbolen und inneren Bildern reden.

Denken wir noch einmal an Jan, der sich täglich mehrmals von seiner Mutter von der Arbeit abhalten ließ. Wir dürfen annehmen, dass sich bedürftige innere Kinder der Mutter unbewusst an Jan klammern und von ihm gesehen werden wollen. Würde Jan eine entsprechende innere Reise unternehmen, wie Sie sie noch kennenlernen werden (siehe Übung 18), dann würde er erkennen, dass sich kindliche Anteile seiner Mutter an ihn klammern und sich von ihm holen wollen, was sie von den eigenen Eltern nicht bekommen haben. Damit kann man umgehen, Sie lernen noch, wie. Es sind einfach alles Energien und wir sind empathische, soziale Wesen. Das passiert. Wenn man das weiß, dann kann man die Energien aufräumen und dahin sortieren, wo sie hingehören.

Falls Sie bei der hier folgenden inneren Reise einem Anteil begegnen, der gar nicht zu Ihnen gehört, seien Sie unbesorgt und machen Sie einfach weiter. Wir werden später noch ausführlich auf das Thema eingehen, denn oftmals tragen wir in unserem Rucksack auch die Gefühle und Bedürfnisse anderer.

Wenn Sie das Gefühl hatten, in Übung 7 zeigte sich nicht der kraft- und machtvolle innere Erwachsene, sondern etwas anderes, dann machen Sie jetzt bitte die folgende innere Reise.

ÜBUNG 8: REISE ZU EINEM UNBEKANNTEN INNEREN ANTEIL

- *Sorgen Sie dafür, dass Sie ungestört sind, und machen Sie es sich bequem. Lesen Sie die Schritte durch und folgen Sie dann der inneren Reise. Wenn es Ihnen lieber ist, lassen Sie sich die Reise vorlesen.*
- *Entspannen Sie sich. Es gibt für Sie nichts mehr zu tun, als hier zu sein und sich selbst zu spüren. Nun stellen Sie sich vor, Sie gehen wieder durch ein Tor in eine wunderschöne Landschaft.*
- *Sie sind jetzt in Ihrer inneren Landschaft und fühlen sich ruhig und sicher. Sie sind kraftvoll und ganz bei sich. Sie gehen wieder den Weg entlang und kommen zu dem Teepavillon. Im Pavillon wartet eine Gestalt auf Sie. Sie kennen diese Gestalt noch nicht, doch Sie wissen: Es ist wichtig, dass Sie sie kennenlernen.*
- *Sie betreten den Pavillon und nehmen die Gestalt deutlich wahr. Egal, wie sie aussieht, es ist ein Teil von Ihnen, der sich zeigen will, und das ist in jedem Fall gut. Sie setzen sich zu dieser Gestalt und bleiben dabei ruhig und gelassen. Schauen Sie die Gestalt an und fragen Sie sie in Gedanken oder indem Sie es laut aussprechen: »Wer bist du?« Sie dürfen dabei ganz unbesorgt sein und sich selbst glauben. Es ist immer gut, wenn sich innere Anteile zeigen. Die Gestalt antwortet, indem sie Ihnen einen Gedanken, ein Gefühl oder ein inneres Bild schickt. Glauben Sie dem, was Sie denken, fühlen oder sehen. Ihr Inneres will mit Ihnen kommunizieren, und das ist seine Sprache.*
- *Nun fragen Sie die Gestalt: »Was brauchst du von mir, warum zeigst du dich?« Auch jetzt: Glauben Sie bitte Ihren Impulsen und inneren Antworten. Wenn Sie wissen, was sich die Gestalt wünscht und wie Sie es ihr geben können, dann geben Sie es ihr jetzt. Wenn Sie noch nicht wissen, wie Sie dieser Gestalt geben können, was sie braucht, sagen Sie ihr: »Ich habe dich gehört.«*

- *Falls Sie das Gefühl haben, diese innere Gestalt gehört in Wahrheit nicht zu Ihnen, dann fragen Sie die Gestalt, zu wem sie gehört, und vertrauen Sie darauf, dass sie es weiß. Es kann gut sein, dass Sie Energien von anderen aufgenommen haben, das passiert unbewusst ständig. Bitten Sie nun die Kräfte, die dafür zuständig sind (Sie müssen nicht wissen, welche Kräfte das sind), diese innere Gestalt dahin zu bringen, wo sie in Sicherheit ist und wo es ihr gut geht. Wieder müssen Sie nicht wissen, wo das ist, es genügt, wenn Sie hilfreiche Kräfte rufen.*
- *Wenn Sie so weit sind, danken Sie der inneren Gestalt und verabschieden Sie sich von ihr. Stehen Sie auf, verlassen Sie das Teehaus, gehen Sie zurück zum Tor und kommen Sie wieder zurück in den Raum, in dem Sie sich befinden.*

Lassen Sie die inneren Botschaften nachwirken. Schreiben Sie auf, was Sie erlebt haben. Führen Sie noch einmal Übung 7 durch und wenn Sie bereit sind, lesen Sie im regulären Text weiter.

STARK UND UNABHÄNGIG WIE PIPPI LANGSTRUMPF

Der innere Erwachsene, den Sie in Übung 7 getroffen haben, ist genau der Verbündete, den Sie als Kind so sehr gebraucht hätten. Er ist ein innerer Anteil, der bedingungslos und kompromisslos für sich selbst einsteht. Sie kennen sicher Pippi Langstrumpf. Sie verkörpert diesen inneren Erwachsenen, auch wenn der Gedanke zunächst seltsam anmutet. Doch sie hat einen Koffer voller Geld und einen sehr starken Körper, sie steht bedingungslos für das ein, was sie will, und sie trägt die Konsequenzen. Weil sie so stark ist, kann sie es sich leisten, ihre Fantasien auszuleben. Doch, und das ist wichtig, sie kann es eben auch nur, weil sie den Geldkoffer und den starken Körper hat, was sie unabhängig von anderen sein lässt.

Solange wir emotional abhängig sind und andere Menschen brauchen, statt für uns selbst da zu sein, so lange sind wir nicht erwachsen. Entwickeln wir den inneren Erwachsenen, dann werden wir im Umkehrschluss unabhängig und können für uns selbst einstehen. Wir wissen, dass es für die Amygdala keine Zeit gibt. Deshalb können wir heute für unser inneres Kind da sein, selbst dann, wenn 50 Jahre zwischen unserer Kindheit und unserem heutigen Ich liegen. Das ist eine großartige Nachricht. Denn es bedeutet nichts Geringeres, als dass wir heute in Ordnung bringen können, was unsere Eltern damals versäumt haben, aus welchen Gründen auch immer. Das macht uns wahrhaftig frei.

Das innere Kind ist emotional abhängig von anderen, der innere Erwachsene ist unabhängig.

In den nächsten Übungen befreien wir das innere Kind sinnbildlich von dem schweren Rucksack und geben ihm die emotionale Sicherheit, die es braucht. Dadurch können sich die uralten Verbindungen in der Amygdala, die ständig Gefahr wittert, lösen und neu ordnen. Wir erinnern uns: Diese Verbindungen lösen sich nur, wenn wir neue und echte emotionale Erfahrungen in einer Situation machen, in der wir bislang verletzt, beschämt oder zurückgewiesen wurden oder uns zumindest so fühlten.

ÜBUNG 9: DIE REISE ZUM INNEREN KIND

- *Sorgen Sie dafür, dass Sie ungestört sind, und machen Sie es sich bequem. Lesen Sie die Schritte durch und folgen Sie dann der inneren Reise. Wenn es Ihnen lieber ist, lassen Sie sich die Reise vorlesen.*
- *Entspannen Sie sich. Es gibt für Sie nichts mehr zu tun, als hier zu sein und sich selbst zu spüren. Nun stellen Sie sich wieder das Tor vor, das Sie bereits kennen. Sie gehen hindurch und befinden sich in einer wunderschönen Landschaft.*

- *Sie fühlen sich wohl und sicher in Ihrer inneren Landschaft. Sie schauen sich um und erblicken in einiger Entfernung eine ganz besonders zauberhafte oder markante Stelle. Sie gehen auf diese Stelle zu und erkennen, dass hier etwas Wichtiges auf Sie wartet.*
- *Als Sie näher kommen, bemerken Sie ein Kind an dieser besonderen Stelle. Erlauben Sie dem Kind, so zu sein, wie es sich zeigen will. Es muss Sie nicht kennen und es muss auch nicht auf Sie reagieren. Nähern Sie sich dem Kind achtsam, so, als wäre es ein Wesen, das Sie sehr lieben und dem Sie wohlgesonnen sind. Auch wenn Sie das Kind nicht als einen Teil von sich erkennen, lassen Sie den inneren Bildern ihren Lauf.*
- *Gehen Sie achtsam auf das Kind zu und setzen Sie sich in seine Nähe. Erinnern Sie sich daran, dass dieses Kind vermutlich schon oft verletzt wurde und dass es Sie nicht kennt, auch wenn es ein Teil von Ihnen ist. Sie selbst kannten es ja bislang auch nicht. Sprechen Sie das Kind liebevoll an und sagen Sie in Gedanken: »Ich sehe dich. Ich glaube dir. Ich höre dich.« Erlauben Sie dem Kind, so zu reagieren, wie es das möchte, selbst wenn es gar nicht reagiert. Bleiben Sie geduldig da, als wäre das Kind ein scheues Wesen, das Sie braucht und gleichzeitig Angst vor Ihnen hat. Vielleicht kommt das Kind auch vertrauensvoll auf Sie zu und setzt sich zu Ihnen, dann freuen Sie sich. Verbringen Sie Zeit mit diesem Kind, auch dann, wenn es heute noch keinen Kontakt zu Ihnen aufnehmen möchte. Sie sind die oder der Große, das Kind ist kleiner und bedürftiger als Sie. Vertraut Ihnen das Kind, dann nehmen Sie es in den Arm und sagen Sie ihm: »Ich bin jetzt da. Ich bin an deiner Seite. Du musst nie wieder allein sein.« Vertraut es Ihnen noch nicht, dann bleiben Sie gelassen. Es braucht Sie, denn es hat nur Sie.*
- *Wenn Sie so weit sind, danken Sie Ihrem inneren Kind und verabschieden Sie sich von ihm. Stehen Sie auf, verlassen Sie das Teehaus, gehen Sie zurück zum Tor und kommen Sie wieder zurück in den Raum, in dem Sie sich befinden.*

Spüren Sie nach und schreiben Sie auf, was Sie gesehen, gefühlt, gehört, erlebt haben.

Sie haben jetzt den inneren Anteil kennengelernt, der sich bislang tarnte und sich gleichzeitig in Ihrem alltäglichen Verhalten ständig zeigt, wie wir es beim Gefühlstortendiagramm gesehen haben. Auch wenn Sie noch nicht viel gespürt haben sollten, ist es großartig, dass sich das innere Kind überhaupt hervorgewagt hat. Das zeigt, dass es Ihnen vertraut. Es mag merkwürdig klingen, doch wenn Sie genauso harsch und beschämend mit sich selbst umgehen, wie Sie es als Kind erlebt haben, dann wird das innere Kind lieber Abstand halten. Das Gehirn weiß, ob Sie sich aus lauter Verletzung selbst niedermachen oder ob Sie bereit sind, freundlich und liebevoll mit sich umzugehen. Zeigt sich das innere Kind also, dann sind Sie sich selbst wohlgesonnen, und das ist eine sehr gute Nachricht.

HILFE, DAS HAT NICHT GEKLAPPT!

Wenn Sie Ihr inneres Kind nicht wahrnehmen konnten, dann kann das daran liegen, dass Sie nicht sicher sind, ob Sie das überhaupt wollen, und/oder Angst haben, dass Sie das, was Sie sehen und fühlen könnten, überfordert. Möglicherweise sind Sie auch sehr ungeduldig und wollen Ihr inneres Kind in Wahrheit loswerden, statt es kennenzulernen und es zu beschützen. So verständlich das auch sein mag, es ist nicht das, was das innere Kind braucht. Deshalb hilft Ihnen Ungeduld mit sich selbst auch nicht. Sie setzen damit nur fort, was Ihr inneres Kind sowieso schon kennt.

Wiederholen Sie die innere Reise an mehreren Tagen hintereinander, damit Ihr inneres Kind spürt, dass Sie es ernst meinen. Verbinden Sie sich vorher mit dem inneren Erwachsenen wie in Übung 7, damit Sie die Kraft bekommen, Ihrem inneren Kind Halt zu geben.

Haben Sie ein ungutes Gefühl dabei, in Kontakt mit Ihrem inneren Kind zu kommen, dann suchen Sie sich bitte Hilfe. Ihr Inneres weiß, was es braucht, und wenn sich ein innerer Anteil auch nach etwas Übung nicht zeigt, dann hat er einen triftigen Grund dafür.

Wenn Sie keine Angst und auch kein ungutes Gefühl haben, aber mit inneren Bildern einfach nicht viel anfangen können, dann machen Sie mit Übung 10 weiter. Dabei kommen Sie auf eine andere Weise in Kontakt mit Ihrem inneren Kind, die Ihnen bestimmt mehr liegt.

DAS INNERE KIND AUF DEM »LEEREN STUHL«

Damit Sie Ihr inneres Kind noch besser wahrnehmen können, nutzen wir eine Technik, die Sie in Bezug auf einen anderen inneren Anteil, nämlich den inneren Erwachsenen, schon kennengelernt haben: die Arbeit mit dem leeren Stuhl (siehe Seite 10). Je mehr Gehirnareale und Sinne an den Übungen beteiligt sind, desto leichter lernt Ihr Bewusstsein. Damit das innere Kind also nicht nur ein nebulöses inneres Bild bleibt, sondern damit Sie es als fühlbaren und damit realen Bestandteil Ihrer inneren Landschaft und damit Ihrer Psyche wahrnehmen, begegnen Sie ihm auf eine weitere Weise.

Es kann sein, dass sich in der nächsten Übung ein anderer Anteil zeigt als der, den Sie bei der inneren Reise getroffen haben. Wie Sie wissen, haben Sie viele innere Kinder, denn Sie waren ja in verschiedenen Altersstufen und in vielen unterschiedlichen emotionalen Zuständen Kind. All diese unterschiedlichen inneren Zustände können sich auch als unterschiedliche innere Kinder zeigen. Man kann auch bewusst ein bestimmtes inneres Kind rufen, dazu kommen wir noch (siehe Übung 17). Doch im Moment sind wir froh, wenn sich dieser verletzliche innere Wesensanteil überhaupt zeigt. Wir wollen ja lernen, für unser inneres Kind zu sorgen, und das können wir nur, wenn wir es als realen, wirksamen und lebendigen Anteil in uns fühlen und begreifen können.

ÜBUNG 10: DEM INNEREN KIND BEGEGNEN

- *Stellen Sie zwei Sitzgelegenheiten einander gegenüber. Nehmen Sie sich Schreibzeug oder aktivieren Sie die Diktierfunktion eines Aufnahmegerätes. Machen Sie sich von Ihren Erwartungen frei. Je unvoreingenommener Sie sich selbst begegnen, umso tiefer kann der Einblick werden, den Ihnen Ihr Unbewusstes in seine – Ihre! – Geheimnisse gestattet.*
- *Setzen Sie sich auf einen der beiden Plätze und stellen Sie sich vor, auf dem Platz Ihnen gegenüber sitzt jenes innere Kind, das sich jetzt zeigen will. Nehmen Sie wahr, wie es Ihnen geht, wenn Sie sich vorstellen, dass Ihr Inneres Kind auf dem gegenüberliegenden Platz sitzt, und schreiben Sie es auf.*
- *Nun wechseln Sie den Platz und setzen sich auf den Platz des inneren Kindes. Spüren Sie in sich hinein. Fühlen Sie sich genauso oder anders als zuvor? Was immer Sie wahrnehmen, auch wenn es »gar nichts« ist, glauben Sie sich und gehen Sie davon aus, dass es zum Erleben des inneren Kindes gehört. Falls Sie das Gefühl haben, »nichts« wahrzunehmen, zeigt sich möglicherweise ein Anteil, der sich selbst gar nicht spürt, sondern wie in einem Nebel ist. Schreiben Sie auf, wie es Ihnen auf diesem Platz geht.*
- *Verlassen Sie den Platz des inneren Kindes und setzen Sie sich wieder auf den ersten Platz. Sagen Sie zu dem inneren Kind, das Ihnen nun wieder gegenübersitzt, folgende Sätze: »Ich sehe dich, ich höre dich und ich nehme dich wahr. Ich glaube dir.« Spüren Sie bitte beim Sprechen, ob das stimmt, ob Sie sich selbst wirklich glauben. Falls nein, entscheiden Sie sich dafür, es zu tun. Ihr inneres Kind weiß es, wenn Sie ihm etwas vormachen. Die Amygdala ist auch jetzt aktiv.*

- *Wechseln Sie wieder den Platz. Wie fühlt sich das innere Kind jetzt an? Hat sich etwas verändert? Ist das Kind wacher, präsenter, fühlt es sich ruhiger? Sie haben vom gegenüberliegenden Platz aus Kontakt zu ihm aufgenommen, ist das bei ihm angekommen? Gibt es etwas, das Sie von diesem Platz aus mitteilen wollen? Tun Sie es ruhig laut, es wird Zeit, dass das Kind endlich gehört wird. Schreiben Sie auf, was Sie hier wahrnehmen.*
- *Wechseln Sie noch einmal den Platz, um die Übung auf dem Platz des normalen Ichs abzuschließen. Schreiben Sie alles auf, was Ihnen aufgefallen ist. Wenn Sie fertig sind, beenden Sie die Übung, indem Sie aufstehen und die Sitzgelegenheiten aufräumen.*

Sicher brauchen Sie nun einen Moment, um die Erfahrung zu verarbeiten. Sie haben gerade einen inneren Anteil gespürt, der normalerweise nur im Verborgenen wirkt, und das ist für Ihre Psyche eine große Sache. Nehmen Sie sich zwischen all den Übungen immer wieder die Zeit, sich auszuruhen, damit Ihr Ruhezustandsnetzwerk neue Verbindungen knüpfen kann (siehe Seite 103).

DAS INNERE KIND FINDET SEINEN VERBÜNDETEN IM INNEREN ERWACHSENEN

Weiter vorne haben wir vereinbart, dass sich der innere Erwachsene des inneren Kindes annimmt und es befreit. Sie haben beide kennengelernt – wie können wir sie nun zusammenbringen? Wie können wir dafür sorgen, dass das innere Kind in Sicherheit ist und bleibt? Dazu braucht es eine weitere innere Reise, bei der es wieder sehr wichtig ist, dass Sie sich glauben. Sie können nichts falsch machen. Ihr Inneres weiß, dass es eine Chance auf Befreiung bekommt, und es wird sie nutzen.

Glauben Sie sich also und machen Sie sich bereit für eine ganz besondere Begegnung. In der folgenden Übung trifft der innere Erwachsene das innere Kind und die beiden lernen sich kennen. Das bedeutet, dass in Ihnen zwei Gehirnteile, die bislang nicht bewusst miteinander interagierten, nun verknüpft werden. Das haben Sie schon öfter gelesen: Bei allem, was wir hier tun, geht es darum, Verknüpfungen im Gehirn zu schaffen, damit Sie nicht automatisch aus dem limbischen System und aus der unbewussten Angst vor emotionalen Verletzungen heraus agieren.

Der innere Erwachsene im präfrontalen Cortex und das innere Kind im limbischen System gehen miteinander eine heilsame Verbindung ein.

Jetzt nutzen wir innere Bilder, um dieses limbische System mit dem präfrontalen Cortex vertraut zu machen und dem Gehirn bewusste Impulse zur Verknüpfung zu geben. Diese Verknüpfung ist die Vorbereitung darauf, dem inneren Kind die Lasten, die es trägt, abzunehmen, ihm neue Erfahrungen zu ermöglichen und ihm eine Heimat in Ihrer Innenwelt zu geben, in der es sich sicher und geborgen fühlt und sich gerne aufhält. Dann, und erst dann, können Sie mit leichtem Gepäck und Ihren Herzkarten durch das Leben tanzen. Freuen Sie sich darauf und gehen Sie nun den nächsten Schritt in diese Richtung.

ÜBUNG 11: DAS INNERE KIND TRIFFT DEN INNEREN ERWACHSENEN

- *Sorgen Sie dafür, dass Sie ungestört sind, und machen Sie es sich bequem. Lesen Sie die Schritte durch und folgen Sie dann der inneren Reise. Wenn es Ihnen lieber ist, lassen Sie sich die Reise vorlesen.*
- *Entspannen Sie sich. Es gibt für Sie nichts mehr zu tun, als hier zu sein und sich selbst zu spüren. Nun stellen Sie sich wieder das Tor vor, das Sie bereits kennen. Sie gehen hindurch*

und befinden sich in einer wunderschönen Landschaft, in der Sie sich wohl- und sicher fühlen.

- *Sie gehen einen Weg entlang und rufen Ihr inneres Kind. Es zeigt sich sehr gerne. Begrüßen Sie Ihr inneres Kind liebevoll, nehmen Sie es in den Arm, wenn es das mag, und sagen Sie ihm, dass es sehr gerne mit Ihnen kommen darf. Ihr inneres Kind folgt Ihnen oder es läuft freudig voraus. Sie freuen sich darüber, dass es Ihnen bereits so sehr vertraut.*
- *Sie bemerken nun in einiger Entfernung den altertümlichen Teepavillon, den Sie schon kennen. Vielleicht sieht er heute ein wenig anders aus als sonst. Erlauben Sie den inneren Bildern zu sein, wie sie sind. Sie gehen zusammen mit Ihrem inneren Kind auf den Pavillon zu. Im Pavillon wartet eine Gestalt auf Sie – Ihr innerer Erwachsener.*
- *Gemeinsam mit Ihrem inneren Kind betreten Sie den Pavillon. Ihr innerer Erwachsener sitzt auf einem gemütlichen Platz. Er begrüßt Sie und wendet sich nun dem inneren Kind zu. Sofort entsteht eine fühlbare Verbindung zwischen dem Kind und dem Erwachsenen. Sie erkennen, dass Ihr innerer Erwachsener genau die Eigenschaften und Kräfte hat, die Sie als Kind so sehr gebraucht hätten. Dieser innere Erwachsene ist also genau der oder die Verbündete, der oder die dem inneren Kind so lange gefehlt hat.*
- *Der innere Erwachsene steht auf und geht jetzt auf die für das Kind genau richtige Weise auf das innere Kind zu. Er kniet sich zum Kind hinunter und flüstert ihm etwas ins Ohr. Sie hören nicht, was er sagt, doch das Kind nickt und es sieht glücklich aus. Jetzt nimmt der innere Erwachsene das Kind in den Arm. Es kuschelt sich vertrauensvoll an ihn. Der innere Erwachsene wendet sich Ihnen zu. »Bringe ab jetzt das innere Kind immer zu mir, wenn es sich ungeborgen und unsicher fühlt. Noch besser ist es, du lässt es einfach bei mir«, sagt er zu Ihnen. Erleichterung durchströmt Sie, Sie wissen Ihr inneres Kind nun in den allerbesten Händen.*

- *Sie danken dem inneren Erwachsenen und lassen die beiden in Ihrer inneren Landschaft zurück. Beruhigt und gelassen kommen Sie wieder durch Ihr Tor in den Raum, in dem Sie sich befinden.*

Es könnte sein, dass Sie nun einige Fragen haben, zum Beispiel: Kann ich die beiden wirklich einfach in mir zurücklassen? Was machen die beiden in mir? Soll ich die Übung immer mal wieder machen oder ist jetzt alles ein für alle Mal gut?

Erinnern Sie sich: Wir vernetzen Gehirnteile, auch wenn das möglicherweise sehr sachlich klingt. Der innere Erwachsene ist eben genau das: erwachsen. Er weiß, was zu tun ist, und er kann auf das innere Kind aufpassen. Sie können die beiden also getrost zurücklassen.

Was die beiden tun? Damit befassen wir uns im nächsten Teil des Buches. Dort werden wir ausführlich mit beiden arbeiten, denn der Erwachsene kann nicht nur auf das innere Kind aufpassen, er kann es auch aus traumatischen Situationen retten. Sie werden erstaunt sein, was durch diese innere Beziehung alles möglich ist.

Wenn der Kontakt hergestellt ist, kann der innere Erwachsene auf das innere Kind aufpassen. Und er tut es gerne.

Wie bereits erläutert, ist das innere Kind mit dem limbischen System beziehungsweise der Amygdala verknüpft, einem entwicklungsgeschichtlich gesehen sehr alten Teil unseres Gehirns. Der innere Erwachsene hingegen ist mit dem Neocortex verbunden. Wann immer Sie in Stresssituationen geraten, schaltet das Gehirn zu den alten Gehirnteilen um, denn hier sind die Überlebensstrategien angesiedelt. Bildlich gesprochen ist es, als würde das innere Kind aus der Obhut des Erwachsenen entwischen und sich auf Ihrer Lebensbühne nach vorne drängeln, um doch wieder in den alten Rucksack zu greifen und seine üblichen Spielkarten zu zücken. Es kennt ja nichts anderes!

Es liegt daher in Ihrer Verantwortung, das Kind immer wieder in die Obhut des inneren Erwachsenen zu geben, wenn es entwischt ist. Denn nur Sie verfügen über das entsprechende Bewusstsein. Die inneren Wesenheiten, zu denen das innere Kind und der innere Erwachsene zählen, sind Kräfte, die Ihnen zur Verfügung stehen. Choreografieren dürfen und müssen Sie das Zusammenspiel der Kräfte selbst. Wie, das lernen Sie im nächsten Teil.

Sie haben schon Großartiges geleistet, liebe Leserin, lieber Leser. Sie haben erkannt, wie Sie sich täglich fühlen, wie Sie auf die Außenwelt reagieren, welches Ihre inneren Kräfte sind und wie sie sich voneinander unterscheiden. Im nächsten Teil des Buches lernen Sie, wie Sie mithilfe dieser inneren Kräfte Ihren Rucksack ausleeren und die schweren Steine entsorgen können. Mit neuen Tools können Sie das Leben auf freudige Weise meistern. Sie lernen, in jeder Situation die »Herzkarte« zu spielen – zumindest in Bezug auf sich selbst.

4

Der schwere Rucksack wird leicht

Weil sich das innere Kind nun sicher fühlt, können wir die Lasten der Vergangenheit loslassen und zu einem glücklicheren Menschen werden.

Die schweren Steine loswerden

Bestimmt haben Sie sich schon gefragt, wann wir uns endlich um die schweren Steine kümmern, die Sie in Ihrem Rucksack mit sich herumtragen. Um das zu tun, war es nötig, dass wir die Kräfte kennenlernen, die wir brauchen, um den Rucksack zu leeren: das innere Kind oder die inneren Kinder und den inneren Erwachsenen, der mitfühlend, vernünftig und bewusst ist. Die Steine stehen für die Lasten, die besonders das innere Kind mit sich schleppt. Wenn wir niemanden haben, der sich um dieses Kind kümmert, dann können wir ihm die Lasten nicht auf Dauer abnehmen. Es würde sich sofort wieder jemanden suchen, dessen »Steine« es übernimmt, um dafür im Gegenzug geliebt zu werden. Das klingt vielleicht ein wenig befremdlich, weil Sie ja erwachsen sind, doch Sie verstehen sofort, worum es geht, wenn Sie an unsere Beispiele denken. Dominik zum Beispiel hilft Jan, die Steine zu tragen, die dieser für seine Mutter trägt.

Die Amygdala ist wie ein Seismograf, der auf Stimmungen und Gefühle anderer reagiert.

Schauen wir uns nun die Steine in Ihrem Rucksack genauer an. Erinnern Sie sich daran, dass Sie sich in Übung 2 gefragt haben, ob die Gefühle, die Sie fühlen, überhaupt Ihre eigenen sind? Dieser Spur folgen wir nun wie ein Spürhund einem bestimmten Duft. Denn tatsächlich gehört nicht jedes Gefühl, das wir fühlen, zu uns. Denken Sie an die Amygdala, die wie ein Seismograf auf die ängstlichen Gefühle anderer reagiert. Das muss sie auch, damit wir als kleine Kinder gewarnt waren. In der Natur funktioniert

das wunderbar. Die Leittiere wissen, wann die Luft wieder rein ist, und signalisieren das der Herde oder dem Rudel. Das ist wunderschön zu erkennen, wenn man in einer Pferdeherde ist und irgendetwas die Tiere aufgeschreckt hat – nach einer Weile senkt eines der Pferde den Kopf, schnaubt und gibt Entwarnung. Die Amygdala der anderen kann auf »Sicherheit« umschalten, die Stresshormone werden durch das Kopfsenken abgebaut und alles ist wieder normal. Die Herde antwortet mit leisem Schnauben und grast weiter.

Bei Tieren hört die Angst also üblicherweise in dem Moment auf, wenn die Gefahr vorbei ist. Die extreme Feinfühligkeit des Angstzentrums, die in der Natur so wunderbar funktioniert, wurde uns, als wir Kinder waren, allerdings zum Verhängnis. Die Angst hörte nämlich nicht auf. Wir lebten ständig in einer negativen Gefühlswolke, die durch unsere beschämten, traumatisierten, verletzten und sich selbst verletzenden Eltern genährt wurde und uns in permanenter unbewusster Angst hielt. Das emotionale Wetter, das wir in unserer Kindheit durch unsere Eltern erlebten, bestimmt das, was wir heute fühlen. Es war aber deren Wetter, nicht unser eigenes.

NICHT ALLES, WAS SIE FÜHLEN, SIND IHRE EIGENEN GEFÜHLE

Kinder weinen mit, wenn ein anderes Kind weint. Ein kleines Kind kann nicht zwischen den eigenen Gefühlen und denen anderer unterscheiden. Was also passiert? Das Kind glaubt nicht nur, das, was es fühlt, wäre sein eigenes Gefühl, sondern sein System aus Bewusstsein, Unterbewusstsein, Hormonausschüttung und Angstreaktionen versucht auch, diese Gefühle zu verarbeiten. Das ganze Kind verhält sich wie das Organ Leber: Es versucht, die toxischen Gefühle anderer zu transformieren und zu verarbeiten – allerdings ohne eine Möglichkeit zu haben, die giftigen Gefühle wieder loszuwerden, im Gegensatz zur Leber, die Giftstoffe wieder ausscheidet. Tatsächlich gibt es einen wesentlichen Zusammenhang zwischen der Leber und emotionalen Giftstoffen: Die Leber kann krank werden, wenn wir in einem emotional vergifteten Umfeld leben, und nicht nur, weil wir dann womöglich vermehrt zum Alkohol greifen. Nicht umsonst sagt man »Mir ist eine Laus über die Leber gelaufen«.

Kinder werden von den Emotionen anderer überschwemmt und können sich nicht davon abgrenzen.

Wir versuchen also als kleine Kinder, die Gefühle unserer Angehörigen zu verarbeiten, ohne zu wissen, dass sie gar nicht zu uns gehören. Daran scheitern wir natürlich, denn wir können nur das verarbeiten und verstoffwechseln, wofür wir selbst ausgelegt sind. Statt nun aber emotional Unverdauliches wieder auszuscheiden, behalten wir es wie toxisches Schwermetall oder Quecksilber in uns. Zum einen, weil wir nicht wissen, wie wir es loswerden können, zum anderen, und das ist der weitaus wichtigere Punkt, weil wir in unserer Familie und im sozialen Umfeld über Jahre und Jahrzehnte mit dem gleichen Gefühlscocktail leben müssen. Selbst wenn wir diesen Wirrwarr aus Scham, Angst, Schmerz, Schuldzuweisungen und so weiter loswerden könnten, wird er uns gleich wieder nachgereicht. Weil unsere Eltern unbewusst selbst die Traumata ihrer Eltern als schwere Steine mit sich herumtragen, haben wir als Kinder keine Chance, diesen Kreislauf zu durchschauen, geschweige denn, ihn zu durchbrechen. Weil wir es nicht anders kennen, glauben wir, all das wären unsere eigenen Gefühle, auch wenn wir nicht verstehen, woher sie kommen könnten.

Dazu kommt, dass sich Traumata vererben, wie die Wissenschaft inzwischen herausgefunden hat. Das Trauma und die

Verletzungen werden unbewusst immer weitergereicht und die nachfolgenden Generationen werden ebenfalls traumatisiert. Diese Spuren im Erbgut können jedoch getilgt werden und werden dann auch nicht mehr weitergegeben. Ihre Arbeit an sich selbst erlöst also auch Ihre Kinder und Enkel von den solchen Lasten der Familie.

Amygdala, Familiengeschichte, Gene – zu kompliziert? Vereinfachen wir das Ganze und vor allem: Bringen wir es in Ordnung. Die nachfolgende Übung kann Sie innerlich ein paar Stunden oder sogar Tage beschäftigen, nehmen Sie sich bitte immer wieder Zeit dafür, nachzusinnen, nachzufühlen und aufzuschreiben, was Sie erleben.

Sie brauchen für diese Übung Ihre Intuition und Ihr Vertrauen in Ihre eigene Wahrnehmung – all dies haben Sie bereits geübt. Außerdem brauchen Sie einige Utensilien für einen »Altar des Mitgefühls«: Das können Kristalle, Federn, Blumen, Muscheln oder schöne Schneckenhäuser sein, Sie können auch eine Skulptur aufstellen, die Geborgenheit ausdrückt, zum Beispiel einen Engel, oder ein Bild, das Ihnen ein wohliges Gefühl vermittelt, vielleicht legen Sie sogar einen Teddy auf Ihren Altar. Fühlen Sie sich ganz frei in der Gestaltung, der Altar muss für Sie funktionieren, nicht einem Bild entsprechen. Suchen Sie sich dafür eine Stelle in Ihrer Wohnung oder in Ihrem Garten aus. Nun brauchen Sie noch ein schönes Tuch oder einen Korb, in den die Steine hineinpassen.

Lesen Sie die nachfolgende Übung erst einmal durch, damit Sie verstehen, was gemeint ist. Dann entscheiden Sie, wo und wie Sie die Steine platzieren wollen.

ÜBUNG 12: DIE GEFÜHLE ANDERER LOSLASSEN

❁ *Sie brauchen Ihren Rucksack mit den Steinen, die Sie gesammelt haben (siehe Seite 93), außerdem Stift und Papier. Nehmen Sie Ihre Steine bis auf den unbeschrifteten Extrastein, den wir erst später brauchen, aus dem Rucksack und legen Sie sie vor sich hin. Ganz gleich, wie viele es sind: Gehen Sie davon aus, dass Ihr Inneres genau weiß, was es mit sich herumschleppt.*

- *Sorgen Sie dafür, dass Sie bequem sitzen. Nehmen Sie den ersten Stein zwischen Ihre Hände. Schließen Sie die Augen, nachdem Sie den Text gelesen haben. Bitten Sie den Stein, Ihnen mitzuteilen, welche Last er symbolisiert. Bitten Sie den Stein auch, Ihnen zu zeigen, zu wem er in Wahrheit gehört. Keine Sorge, wir werden die Lasten nicht demjenigen zurückgeben, für den Sie sie tragen, wir finden einen anderen Weg, sie loszulassen. Es ist wichtig, dass Sie das wissen, damit Sie sich erlauben können, wirklich zu fühlen, zu wem die Last gehört. Ihr inneres Kind wird es Ihnen nicht zeigen, wenn es befürchtet, dass es die Lasten an die Mutter oder den Vater zurückgeben soll. Vertrauen Sie Ihren Wahrnehmungen, selbst dann, wenn sie Ihnen unlogisch erscheinen.*
- *Legen Sie den Stein wieder hin und schreiben Sie auf, für wen Sie die Last des ersten Steines tragen, egal, wie seltsam es Ihnen auch vorkommen mag. Nehmen Sie sich Zeit dazu.*
- *Dies machen Sie für alle Steine. Es kann durchaus sein, dass Sie einige Steine für das gleiche Thema tragen. Einige gehören sicherlich auch zu Ihnen selbst.*
- *Wenn Sie alle Steine gefühlt haben und wissen, für wen Sie sie tragen und zu wem sie gehören, leiten wir in aller Würde und voller Respekt den Loslassprozess ein.*
- *Dafür legen Sie die Steine an den schönen Platz, den Sie vorbereitet haben. Mit diesen Lasten sind Sie bislang durch Ihr Leben gegangen und Sie haben es großartig gemacht. Bevor Sie die Steine loswerden, brauchen die Lasten Würdigung, wurden sie doch bislang unterdrückt und verleugnet.*
- *Setzen oder stellen Sie sich vor die Steine. Verneigen Sie sich in Gedanken oder auch tatsächlich vor ihnen und sagen Sie den Satz: »Ich achte euer Schicksal.« Damit ist gemeint: Sie achten*

das Schicksal derer, für die Sie die Steine getragen haben, inklusive Ihrem eigenen. Nehmen Sie sich Zeit für diese Geste. Vielleicht fällt es Ihnen nicht leicht, diesen Satz zu sagen. Tun Sie es trotzdem. Sie werden spüren, dass er etwas bewirkt.

Nach der Übung bleiben die Steine auf dem »Altar des Mitgefühls« ein paar Tage oder auch Wochen liegen. Sorgen Sie dafür, dass der Altar immer schön aussieht, indem Sie zum Beispiel verwelkte Blumen erneuern.

Sie mögen sich fragen, was es mit der Würdigung auf sich hat. Schließlich haben Sie die Lasten all die Jahrzehnte mit sich herumgetragen, das reicht ja wohl. Die Steine nur abzulegen, genügt jedoch nicht. Im nächsten Kapitel erfahren Sie, warum Würdigung und Mitgefühl die Zaubermittel sind, die dafür sorgen, dass ein Schmerz gehen kann, egal, wie alt er ist.

MITGEFÜHL – DER FREISPRUCH AUS DER EMOTIONALEN VERBANNUNG

Nicht gesehener und nicht geglaubter Schmerz macht einsam, ganz besonders dann, wenn der Schmerz durch ein Geheimnis verursacht wurde. Die meisten Lasten unserer Kindheit entstanden, weil wir über das, was wir fühlten, nicht sprechen konnten oder durften. Diejenigen, für die wir die Lasten tragen, erlebten das Gleiche.

Erinnern Sie sich an eine Situation aus Ihrer Kindheit, in der Sie sich verletzt haben, sei es physisch oder emotional? Der Schmerz wurde sofort besser, wenn uns jemand damit ernst nahm, mit uns fühlte und uns tröstete. Wir fühlten uns verstanden, gewürdigt und gesehen. Probieren Sie es einmal aus: Denken Sie an eine schmerzliche Situation und sagen Sie ganz bewusst zu sich selbst: »Ich sehe deinen Schmerz.« Was geschieht dadurch in Ihrem Inneren? Sie kommen zur Ruhe. Sie sind mit

Ihrem Erleben nicht allein, sondern auch in diesem schmerzlichen Zustand mit einem anderen Lebewesen verbunden. Lebewesen? Ja, denn auch das nonverbale Mitgefühl von Tieren erleben die meisten Menschen als äußerst heilsam und tröstlich.

Wenn der körperliche oder emotionale Schmerz, den wir erleben, von uns selbst oder einem anderen Lebewesen erkannt und gewürdigt wird, fühlen wir uns sofort besser.

Das Gegenteil geschieht, wenn man uns sagt: »Stell dich nicht so an« oder: »Komm, so schlimm ist es nicht.« – »Doch, es ist so schlimm!«, möchten wir rufen, denn wir fühlen uns alleingelassen, und das sind wir auch. Sehr toxisch wird das Ganze, wenn uns verboten wurde, über das, was uns zugestoßen ist, zu sprechen, damit wir niemanden in Schwierigkeiten bringen. Dann sind wir nicht nur in unserem Schmerz allein, sondern müssen auch noch die Angst des anderen vor Bloßstellung, Entdeckung oder sogar Strafverfolgung auf uns nehmen. Uns wird verweigert, was uns heilen könnte: Anteilnahme, Schutz und Trost.

Mitgefühl ist nicht dasselbe wie Mitleid

Bei Mitleid projiziert das Gegenüber seinen eigenen Schmerz auf uns. Dadurch vergrößert es ihn nicht nur, sondern sieht ihn auch nicht und erkennt ihn nicht an. Hingegen ist Mitgefühl eine neutrale, liebevolle Hinwendung und Bezeugung dessen, was man selbst gerade erlebt.

Erinnern Sie sich an Jan und Dominik? Die beiden sind ein gutes Beispiel hierfür. Jan ist überfordert, weil ihn seine Mutter mit ihren ungelösten Themen belastet, aber keine echte Hilfe annimmt. Dominik ist voller Mit… Na, was denken Sie? Ist es Mitleid oder Mitgefühl? Richtig, es ist Mitleid. Woher wissen wir das? Wegen dieses Satzes: »Seufzend setzt er (Dominik) sich an seinen Schreibtisch und hilft seinem Freund bei seinen Gutachten.« Dominik hilft Jan, dessen Lasten zu tragen, weil Jans

Not ihn so sehr an seinen eigenen emotionalen Schmerz erinnert. Er will scheinbar Jans Not lindern, doch in Wahrheit möchte er, dass sein eigener Schmerz, der durch Jan angestoßen wird, aufhört. Das ist völlig in Ordnung, aber eben kein Mitgefühl. Im Mitgefühl würde Dominik sagen: »Ich sehe, dass du es sehr schwer hast und in einer schmerzhaften Situation steckst, ich sehe es und du hast mein volles Mitgefühl. Ich bin für dich da, doch ich helfe dir nicht, die ungesunden Lasten zu tragen.«

Ist es immer Mitleid, wenn wir versuchen, dem anderen eine Last abzunehmen? Nein. Manchmal muss man einfach mit anpacken. Doch nicht, wenn wir damit das ungesunde Verhalten eines anderen unterstützen oder vertuschen.

Mitgefühl heißt, den anderen in seinem Leid zu sehen

Mitgefühl ist ein Bewusstseinszustand, den nur unser innerer Erwachsener aufbringen kann. Das innere Kind leidet mit und kann nicht zwischen dem Schmerz des anderen und dem eigenen Erleben unterscheiden. Neutrales, das heißt nicht emotional verstricktes, liebevolles Mitfühlen ist heilsamer, als die meisten Menschen annehmen, denn es hilft dem Leidenden, die Scham hinter sich zu lassen. Wir versichern dem anderen, dass wir bei ihm sind, dass wir nicht urteilen, uns nicht abwenden. Wir geben ihm die Gewissheit, dass er immer noch Teil der sozialen Gemeinschaft ist, dass er dazugehört. Die meisten Menschen schämen sich, wenn ihnen Leid widerfährt, geradeso, als hätten sie das Leid durch Fehlverhalten verdient. Unser Mitgefühl ist der emotionale und soziale Freispruch für den anderen. Wir lassen ihn nicht zurück, auch wenn es ihm schlecht geht, wir sehen ihn, wir geben ihm die Gewissheit, dass alles, was er fühlt, für andere tragbar ist.

Sicher kennen Sie Menschen, die sagen: »Ich will euch nicht mit meinem Schmerz oder Unglück belasten.« Die meisten

Menschen sagen das, wenn es ihnen nicht gut geht, und sie ziehen sich zurück, wie das verletzte Tiere tun, um das Rudel oder die Herde nicht zu gefährden. Mitgefühl sagt: »Ich bin da. Du gehörst dazu. Was du fühlst, belastet mich nicht, sondern ich erkenne es als dein Erleben an. Ich glaube dir und ich bin dein Zeuge.« Mitgefühl gibt dem Leidenden die Gewissheit, dass sein Erleben »normal« ist im Gegensatz zu »unzumutbar und vollkommen außerhalb jeder menschlichen Gefühlsskala«. Wir reichen einem Menschen die Hand und bieten ihm an, ihn aus seiner Einsamkeit zu erlösen, wenn wir ihm sagen: »Ich sehe dich.«

»Ich sehe dich«, »Ich höre dich«, »Ich nehme dich wahr« und »Ich glaube dir« sind Aussagen, die uns das Gefühl vermitteln, Teil einer mitfühlenden Gemeinschaft zu sein.

Kommen wir zu unseren Steinen zurück. Wir haben sie lange mit uns herumgetragen und bringen sie nun an einen schönen Ort, wo sie eine Weile liegen bleiben. Wir verneigen uns vor denjenigen, für die wir die Lasten tragen, wir würdigen ihren Schmerz und erkennen ihn an. Dadurch löschen wir das aus, was dazu geführt hat, dass sie diese Lasten überhaupt mit sich tragen mussten, statt sie zu verarbeiten und hinter sich zu lassen. Wir holen diejenigen, die sich ausgestoßen fühlten, weil ihr Leid zu groß war oder/und weil sie Geheimnisse mit sich herumschleppten, zurück in die Gemeinschaft. Das tun wir auch dann, wenn wir es selbst sind. Wir sagen denen, für die wir die Lasten getragen haben, ebenso wie uns selbst, wenn es unsere eigene Last war: »Du gehörst dazu. Du bist Teil einer sozialen Gemeinschaft, gleich, was dir zugestoßen ist. Dein Schmerz ist genau so schlimm, wie du ihn erlebt hast. Ich glaube dir deinen Schmerz, ich sehe das erlittene Unrecht und du hast mein tiefes Mitgefühl.«

Meinen Sie es also bitte ernst, wenn Sie den Steinen Ihr Mitgefühl überbringen. Denken Sie an diejenigen, für die Sie die Lasten getragen haben. Denken Sie besonders an das kleine

innere Kind, das all diese Lasten tragen musste, und schenken Sie ihm ebenfalls Ihr Mitgefühl.

Nach ein paar Tagen oder Wochen spüren Sie, dass die Steine neutral werden. Bringen Sie sie dann einfach zurück in die Natur, werfen Sie sie in einen Fluss oder legen Sie sie in den Wald. Räumen Sie den »Altar des Mitgefühls« noch nicht weg, Sie können ihn eventuell in der nächsten Übung noch einmal verwenden.

DER RUCKSACK BLEIBT SCHWER, WENN WIR UNS SELBST NICHT GLAUBEN

Wie Sie gelesen haben, müssen wir den Schmerz des anderen anerkennen und ihm seinen Schmerz glauben, damit wir Mitgefühl aufbringen können. Wenn jemand ständig jammert und wir den Grund für sein Leid nicht erkennen, dann nervt uns das Gejammer, statt uns mitfühlend sein zu lassen. Wir glauben dem anderen nicht, dass er einen echten Grund für seinen Schmerz hat. Manchmal ist das reiner Selbstschutz. Wenn wir nicht anerkennen, dass unser geliebtes Gegenüber, sei es unser Kind, ein Freund, der Partner oder ein Elternteil, gerade einen echten, tiefen Schmerz erlebt, dann müssen wir unsere Hilflosigkeit in Bezug auf dessen Situation nicht spüren.

Es gibt immer einen echten Grund, wenn jemand jammert, auch wenn dieser oft nicht ersichtlich ist.

Meistens steckt hinter dem scheinbar unbegründeten Gejammer tatsächlich ein Grund für Schmerz, wenn auch ein ganz anderer, weitaus ernsterer. In den allermeisten Fällen kennen die Menschen den wahren Grund selbst nicht. Deshalb können sie sich auch nicht helfen. Sie jammern und verharren im Selbstmitleid, statt zu erkennen, wie schwer sie an den Lasten ihrer Kindheit oder ihrer jüngeren Vergangenheit tragen. Erst wenn ihnen das klar ist, können sie echtes Selbstmitgefühl aufbringen.

Warum erzähle ich Ihnen das? Weil das auch auf Sie zutrifft. Immer dann, wenn Sie sich selbst »Stell dich nicht so an!« sagen, weisen Sie einen inneren Anteil ab, der Ihnen etwas Wichtiges zu sagen hat. Auch Ihr Jammern, ob innerlich oder für andere hörbar, ist Ausdruck eines echten Schmerzes. Nehmen Sie sich ernst. Glauben Sie sich. Sagen Sie sich nicht: »Das ist doch vorbei, es war nicht so schlimm.« Kognitiv gesehen mag das stimmen, doch die Anteile in Ihnen, die immer noch in Not sind, fühlen sich zu Recht nicht gesehen. Doch, es war so schlimm und für Ihr Inneres ist es nicht vorbei, wenn es nicht gefühlt, gesehen und getröstet wurde. Gefühle wollen nicht verstanden, erklärt oder abgewiegelt werden. Gefühle wollen nur eines: gefühlt werden.

Wir können uns also nur dann Mitgefühl schenken sowie Trost und Schutz vor neuer Verletzung bieten, wenn wir uns unsere eigene emotionale Not auch wirklich glauben. Das erfordert möglicherweise ein radikales Umdenken. Wir wechseln vom harschen »Stell dich nicht so an!« oder vom selbstmitleidigen »Warum passiert das immer nur mir?« hin zu der liebevollen und mitfühlenden Frage: »Was brauche ich wirklich?« Bildlich gesprochen hören wir auf, uns selbst die spitzen Karokarten zuzumuten, und schenken uns das liebevolle Herz.

Wie lernt man das, sich selbst zu glauben? Lernen ist ein sehr komplexer Vorgang, der Wiederholungen und bewusste Erfahrungen braucht, wenn es nicht nur ein »Auswendiglernen« sein soll. Um zu lernen, uns selbst zu glauben, müssen wir also wirklich erfahren, dass das, was wir in uns erleben, stimmig ist. Gleichzeitig brauchen wir ein Tool, das Sie bereits erfolgreich anwenden: Die Bereitschaft, etwas für wahr zu halten, weil Sie es am eigenen Leib erleb(t)en, auch wenn Sie es nicht beweisen können. Oder können Sie beweisen, dass Sie nicht gut genug sind? Dass Sie sich anstrengen müssen, um Liebe zu bekommen?

Dass Sie schwere Lasten mit sich herumschlepp(t)en? Nein. Doch Sie fühlen es, und deshalb stimmt es für Sie.

Sie wissen selbst, wie schwierig es ist, etwas zu verlernen, wenn Sie es fühlen, denn Ihre Erfahrung zeigt Ihnen ja, dass Sie recht haben. Deshalb brauchen wir Übung, wenn wir etwas Neues lernen wollen. Am Anfang fühlen Sie die neue Selbstwahrnehmung nur vage, da braucht es einen Vertrauensvorschuss. Nach und nach wird aus der unbestimmten Wahrnehmung eine emotionale Gewohnheit – jetzt haben Sie Ihr neues Wissen verankert. Damit wir lernen, uns wirklich zu glauben, müssen wir also zunächst so tun, als stimmte das, was wir wahrnehmen. Dann wird aus dem »so tun als ob« ein echtes Erleben.

Damit Sie spüren, dass das, was Sie in sich erleben, wirklich stimmt, schauen wir jetzt etwas genauer auf den inneren Anteil, der diesen Rucksack mit sich herumschleppt. Auch wenn wir den Rucksack schon ein wenig erleichtert haben, wird Ihnen dieser Anteil möglicherweise wieder den vollen, schweren Rucksack mitsamt den Steinen zeigen. Das liegt daran, dass wir ihm nicht bildlich und physisch begegnen, wie bei Übung 12, sondern emotional. Auch die Erlösung von den vielschichtigen schweren Lasten muss in verschiedenen inneren Bereichen stattfinden.

Für diese Übung brauchen Sie eine symbolische, aber spürbare Last: den Extrastein, der sich noch in Ihrem Rucksack befindet. Nehmen Sie ihn jetzt bitte heraus. Kommt er Ihnen inzwischen zu klein vor, weil Sie sich schon näher mit den Lasten befasst haben, suchen Sie sich einen größeren Stein. Auch ein größeres Holzscheit, das Sie verbrennen können, leistet gute Dienste als Symbol für die Lasten.

ÜBUNG 13: MITGEFÜHL FÜR SICH SELBST

❁ *Schaffen Sie zwei einander gegenüberliegende Sitzplätze. Der eine gehört Ihnen, auf dem anderen platzieren Sie jenes innere Kind, das die Last der Angehörigen trägt. Legen Sie bitte den*

Extrastein oder das Holzscheit auf den Platz, den Sie dem inneren Kind zuweisen.

- *Legen Sie etwas zu schreiben bereit und setzen Sie sich auf Ihren Platz. Schauen Sie auf den Platz, auf dem die Last liegt, und beantworten Sie folgende Fragen: Wie geht es mir, wenn ich daran denke, dass mir ein belastetes inneres Kind gegenübersitzt? Kann ich gut atmen? Habe ich einen Impuls – will ich weglaufen oder dem Gegenüber den Stein abnehmen? Nehmen Sie es wahr und schreiben Sie es auf, es gibt noch nichts zu verändern.*
- *Setzen Sie sich jetzt auf den Platz des inneren Kindes und nehmen Sie die Last auf den Schoß. Das innere Kind trägt diese Last, auch wenn es das nicht will. Beantworten Sie folgende Fragen: Wie geht es mir mit dieser Last? Für wen trage ich sie? Was bewirkt das Tragen dieser Last in meinem Leben? Welche Gefühle verursacht diese Last in mir auf diesem Platz? Wenn es Ihnen möglich ist, schreiben Sie auf, was Sie wahrnehmen.*
- *Nachdem Sie diese Fragen so gut beantwortet haben, wie es Ihnen möglich ist, legen Sie die Last auf den Stuhl des inneren Kindes und setzen sich wieder auf Ihren ursprünglichen Platz. Wenn Sie nun auf den Platz des inneren Kindes schauen: Wie geht es Ihnen? Greifen Sie jetzt nach der symbolischen Last des Kindes, dem Stein oder dem Holz, und nehmen Sie sie ihm ab. Behalten Sie die Last zunächst noch bei sich. Sie dürfen sie gleich ablegen, keine Sorge, doch die Befreiung von der Last muss über Ihr Bewusstsein, also über Sie selbst, laufen. Das Kind kann die Last nicht von sich aus ablegen.*
- *Haben Sie dem Kind die Last abgenommen, setzen Sie sich noch einmal auf den Platz des inneren Kindes und legen die Last auf Ihren eigenen Stuhl. Wie geht es Ihnen jetzt? Fühlen Sie Befreiung und Erleichterung?*
- *Schließlich wechseln Sie noch einmal den Platz und nehmen die Last auf den Schoß. Sagen Sie zu demjenigen, dessen Last*

es in Wahrheit ist, auch wenn Sie es nicht genau wissen: »Ich achte dein Schicksal und ich sehe deinen Schmerz.« Nehmen Sie wahr, ob sich das Gefühl der Schwere verändert.

- *Beenden Sie die Übung, indem Sie die Last verbrennen oder in die Natur zurückgeben. Wenn Sie mögen, können Sie sie vorher noch für ein paar Tage auf Ihren »Altar des Mitgefühls« legen.*

Das haben Sie gut gemacht! Sie haben die Last gespürt und Sie dem inneren Kind abgenommen. Auch falls Sie dabei gezögert haben sollten, so haben Sie es dennoch getan und das innere Kind erlöst. Das Wichtigste aber war: Sie haben deutlich gespürt, wie schwer das innere Kind bislang an den Last getragen hat und wie viel leichter es sich auf einmal fühlte, richtig?

Wir können noch mehr für das innere Kind tun. Im folgenden Kapitel erfahren Sie, wie Sie eine liebevolle Beziehung mit ihm führen, damit es in Zukunft nicht mehr alleine ist.

Eine liebevolle Beziehung zum inneren Kind

Erinnern Sie sich an die fünf Punkte aus dem Vorwort, an denen man eine liebevolle und gute Beziehung erkennt? Wir haben Sie bereits auf die Beziehung zwischen Eltern und ihrem Kind übertragen (siehe Seite 127). Hier führe ich sie noch einmal auf, denn diese Merkmale einer guten Eltern-Kind-Beziehung nutzen wir als Fahrplan für den heilenden und nährenden Umgang mit unserem inneren Kind.

1. Die Eltern nehmen die verbalen **Kontakt**angebote des Kindes an.
2. Die Eltern erschaffen bewusst eine wertschätzende und **fürsorgliche** Umgebung.
3. Die Eltern suchen bewusst nach den **positiven Seiten** des Kindes und gehen auch bei Ärgernissen von der besten aller Möglichkeiten aus.
4. Die Eltern begegnen dem Kind auf kindlich angemessener **Augenhöhe,** respektieren es und freuen sich an seiner Lebendigkeit.
5. Die Eltern übernehmen selbst die **Verantwortung** für ihr Wohlbefinden und sind gleichzeitig um das Wohl des Kindes bemüht.

Sie selbst können, das wissen Sie nun bereits, zu dem Menschen werden, den Sie selbst als Kind so sehr gebraucht hätten, und dann können Sie den schweren Rucksack getrost hinter sich lassen. Diesen Menschen haben Sie auch schon kennengelernt, es ist der innere Erwachsene. Ihr innerer Erwachsener und Ihr inneres Kind sind sich bereits begegnet. Jetzt wollen wir die Kraft dieser Verbindung in unseren Alltag integrieren.

In den folgenden Kapiteln schauen wir uns die fünf Merkmale einer guten Beziehung genauer an und entwickeln auf dieser Basis einen wertschätzenden und beschützenden Umgang mit dem inneren Kind. Dafür reisen wir wieder in unser Inneres.

KONTAKT

DAS INNERE KIND WILL ANTWORT BEKOMMEN

Kinder sind soziale Wesen. Sie suchen Kontakt. Sie lächeln uns an, wenn wir in den Kinderwagen schauen. Sie greifen nach uns, sie wollen Bindung spüren. Kinder wollen sich mitteilen. Wie grausam ist es, wenn diese Sehnsucht und das Bedürfnis nach Kontakt abgewehrt werden! Gleichgültig, ob unsere Eltern keine Zeit hatten, überfordert waren oder selbst als Kinder einsam waren: Waren wir als Kind erfolglos, wenn wir in Beziehung zu einem anderen Lebewesen treten wollten, entstanden Einsamkeit und Scham.

Die Nähe zu einem toxischen Elternteil erzeugt genau das Gleiche. Das Kind erlebt die Kontaktaufnahme in diesem Fall sehr ambivalent: Ist es erfolgreich, wird es also gesehen und gehört, läuft es Gefahr, beschämt und abgewertet zu werden. Wird es nicht gesehen und gehört, bleibt es einsam und schämt sich seines Bedürfnisses nach Bindung. Dadurch entsteht ein toxisches Bindungsmuster, das sich im Alltag spiegelt: Das Kind tut alles, um Nähe zu erleben und um seiner inneren Einsamkeit zu entkommen. Wenn es tatsächlich Nähe erlebt, zieht es sich aber zurück, damit es nicht verletzt und beschämt wird.

Wenn wir als Kind keine zuverlässig liebevolle und unterstützende Antwort auf unsere Bindungsanfrage bekamen, können wir auch heute keine echte Nähe erlauben. Gleichwohl suchen wir die Nähe zu anderen und strahlen auf diese Weise sehr ambivalente, für andere verwirrende Signale aus. Wie wir wissen, genügt es nicht, diese Dynamik zu durchschauen. Damit wir ein neues Bindungsverhalten erlernen, müssen wir es selbst erleben. Wir brauchen jemanden, auf den unser inneres Kind zugehen kann, der zuverlässig und verfügbar ist und der ihm jederzeit liebevoll antwortet. Oft genug suchen wir diesen Menschen im Außen. Der Partner soll ersetzen, was die Eltern nicht gaben, die Freundin soll immer verfügbar sein. Wir reagieren beleidigt, wenn jemand, für den wir »immer da sind«, keine Zeit für uns hat. Ab sofort sind wir am besten für niemand Außenstehenden »immer« da, außer, es ist ein kleines Kind oder ein Tier, das von uns abhängig ist.

»Was brauchst du von mir?« Oder: »Was möchtest du, das ich für dich tue?« Mit diesen Fragen vermeiden wir es, vorauseilend die Bedürfnisse anderer zu erfüllen.

Wenn wir glauben, jemand braucht uns, dann ist es sehr hilfreich, ihm eine Frage zu stellen, die bereits erwähnt wurde (siehe Seite 81). Die Frage lautet: »Was brauchst du von mir?« Oder: »Was möchtest du, das ich für dich tue?« Augenblicklich liegt die Verantwortung dafür, die Bedürfnisse des anderen zu erfüllen, wieder da, wo sie hingehört, nämlich bei ihm. Durch diese Frage muss der andere darüber nachdenken, was er von uns will. Und wir haben die Möglichkeit, zu entscheiden, ob wir ihm das, was er möchte, geben können und wollen oder nicht. Merken Sie sich diese Frage, sie verändert wirklich jede Beziehung, in der man reflexartig für den anderen da ist. Gleichzeitig lernen wir mit der nächsten Übung, ab sofort jederzeit für uns selbst verfügbar und ansprechbar zu sein.

Bei dieser und bei den folgenden Übungen reisen wir wieder in unser Inneres, um unseren inneren Erwachsenen und unser inneres Kind zu treffen. Den Ablauf kennen sie bereits. Sie brauchen Ruhe, etwas Zeit sowie Stift und Papier.

ÜBUNG 14: FÜR SICH SELBST VERFÜGBAR SEIN

- *Sorgen Sie dafür, dass Sie ungestört sind, und machen Sie es sich bequem. Lesen Sie die Schritte durch und folgen Sie dann der inneren Reise. Wenn es Ihnen lieber ist, lassen Sie sich die Reise vorlesen.*
- *Entspannen Sie sich. Es gibt für Sie nichts mehr zu tun, als hier zu sein und sich selbst zu spüren. Stellen Sie sich das Tor vor, das Sie bereits kennen. Sie gehen hindurch und befinden sich in einer wunderschönen Landschaft.*
- *Rufen Sie in Gedanken Ihren inneren Erwachsenen. Gemeinsam gehen Sie weiter durch die Landschaft.*
- *Rufen Sie jetzt jenes innere Kind, das heute Kontakt mit Ihnen aufnehmen will. Es zeigt sich auf die Weise, die für das Kind stimmig ist, scheu oder fröhlich, nur von hinten oder ganz präsent. Erlauben Sie ihm, so zu sein, wie es gerade ist. Es geht hier nur um das Kind.*
- *Nehmen Sie Kontakt mit dem Kind auf. Ihr innerer Erwachsener ist dabei und unterstützt Sie, doch Sie selbst gehen nun auf das Kind zu. Setzen Sie sich zu dem Kind und fragen Sie es, was es sich von Ihnen wünscht. Was immer es auch ist, bitten Sie Ihren inneren Erwachsenen, Ihnen die Kraft zu geben, das für das Kind zu tun, was es möchte. Vielleicht ist es etwas Energetisches, vielleicht wünscht es sich, dass Sie im Außen etwas ändern oder etwas tun, das Sie schon lange nicht mehr getan haben. Hören Sie ihm zu und nehmen Sie es ernst, denn das innere Kind ist Ihr wichtigster Lebensfreudespender. Es weiß, was es braucht, damit Sie glücklich sind.*
- *Versprechen Sie Ihrem inneren Kind, ab sofort regelmäßig mit ihm bewussten Kontakt aufzunehmen. Erlauben Sie ihm, sich im Alltag zu zeigen, wenn es etwas von Ihnen braucht. Bitten Sie es, Ihnen zu zeigen, wie es sich von nun an im Alltag bemerkbar machen wird. Das kann durch ein Körpergefühl sein, durch ein inneres Bild, durch ein Lied, das Ihnen auf einmal durch den Kopf geht. Verabschieden Sie sich von dem*

Kind und versichern Sie ihm, dass Sie es gehört haben und mithilfe des inneren Erwachsenen dafür sorgen werden, dass es auch im Außen bekommt, was es braucht.

- *Gehen Sie durch Ihr Tor zurück in den Raum, in dem Sie sich befinden.*

Spüren Sie nach und schreiben Sie auf, was sich das innere Kind von Ihnen gewünscht hat. Der innere Erwachsene hilft Ihnen nach dieser inneren Reise, das umzusetzen, was sich das Kind wünscht, falls es etwas ist, das Sie im Außen tun dürfen.

Das war bahnbrechend, ist Ihnen das bewusst? Sie haben Kontakt zu Ihrem inneren Kind aufgenommen und sind damit eine Beziehung mit ihm eingegangen. Und darum geht es von nun an: Sie führen eine liebevolle Beziehung mit Ihrem inneren Kind, damit es nicht mehr allein ist und doch wieder in den uralten Rucksack greifen muss. Wenn es im Alltag mit Ihnen Kontakt aufnehmen möchte, und Sie haben gerade keine Zeit, dann sagen Sie innerlich: »Ich habe dich gehört«, und versprechen ihm, sich ihm später am (gleichen!) Tag zuzuwenden. Wenn Sie einen Moment Zeit für sich haben, wenden Sie sich nach innen und hören Ihrem inneren Kind zu.

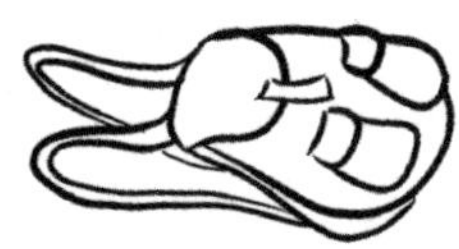

Es kann sein, dass Ihr inneres Kind etwas von Ihnen will, von dem Sie nicht wissen, wie Sie es erfüllen sollen, zum Beispiel, dass es nie mehr zur Arbeit gehen oder Ihre verletzenden Eltern treffen will. Im nächsten Kapitel lernen Sie, wie Sie damit umgehen können.

WERTSCHÄTZENDE FÜRSORGE

DAS INNERE KIND BRAUCHT EIN EIGENES SPIEL- UND KUSCHELZIMMER

Wie wäre es, wenn das Kind in Ihrem Inneren einen eigenen Wohn- und Spielbereich hätte? Sie haben sich bereits in Ihrer inneren Landschaft umgeschaut. Es ist die bildhafte Darstellung Ihrer inneren Lebensbereiche. Dort gibt es Landstriche, die Sie sehr gut kennen, und es gibt Gegenden, die Ihnen nicht bekannt, die aber dennoch vorhanden sind.

Unsere innere Landschaft ist, wenn wir in der Bildersprache bleiben, von Wesenheiten bewohnt, die unsere bewussten, vor allem aber unsere unbewussten Kräfte darstellen. Jede innere Wesenheit, jede Kraft hat ihren eigenen Wohnsitz in unserer inneren Landschaft, an dem sie sich wohlfühlt und ihre Aufgaben erfüllen kann. So gibt es auch Bereiche, in denen unser inneres Kind zu Hause ist, während es in anderen nichts zu suchen hat. Probleme bekommen wir dann, wenn unser inneres Kind sich in Gegenden aufhält, in denen es nicht nur nichts zu suchen hat, sondern auch wenig hilfreich ist. Wie es dazu kommen konnte, wissen wir: Weil wir als Kinder ständig Aufgaben übernehmen mussten, die nicht kindgerecht waren, glaubt das innere Kind auch heute noch, es müsste sich um alles kümmern, was in dieser inneren Landschaft zu tun ist. Es weiß noch nicht, dass es auch andere Kräfte gibt, die sich gerne um ihre Aufgaben kümmern würden. Wenn sich also das innere Kind oder eines der inneren Kinder zum Beispiel in dem Bereich Ihrer Landschaft herumtreibt, in dem der Erwachsene seine Berufung planen oder für seine (physischen) Kinder da sein sollte, dann kann es sehr störend wirken und sogar dafür sorgen, dass diese Berufung nie ganz umgesetzt wird oder man vom Elternsein völlig überfordert

Jede unserer inneren Wesenheiten hat ihren Platz. Füllt sie diesen nicht aus, sind wir nicht im Gleichgewicht.

ist. Wir sind überfordert, unzufrieden und gleichzeitig unerfüllt. Es ist für unser Wohlergehen sehr wichtig, dass die inneren Kräfte »zu Hause« sind. Sind sie es nicht, bleibt dieser Teil der inneren Landschaft unbewohnt und wird somit nicht aktiviert. Wenn wir uns nun vorstellen, dass unser inneres Kind in dem Teil unserer Landschaft wohnt, in dem es spielen kann, in dem es sich wohlfühlt und glücklich ist, dann schallt das fröhliche Kinderlachen durch unsere gesamte Innenwelt und erfüllt uns mit Freude. Diese Freude ist der Treibstoff für die Herzkartenproduktion in uns, und wir geben sie dann sehr gerne weiter!

Dieses Bild nutzen wir, um unserem inneren Kind seinen idealen Platz in unserem Inneren zu zeigen. Den Platz gibt es schon. Es ist alles vorbereitet. Es ist alles da. Wir brauchen unser inneres Kind nur in sein Zuhause zu bringen.

ÜBUNG 15: DAS INNERE KIND NACH HAUSE BRINGEN

- *Sorgen Sie dafür, dass Sie ungestört sind, und machen Sie es sich bequem. Lesen Sie die Schritte durch und folgen Sie dann der inneren Reise. Wenn es Ihnen lieber ist, lassen Sie sich die Reise vorlesen.*
- *Entspannen Sie sich. Es gibt für Sie nichts mehr zu tun, als hier zu sein und sich selbst zu spüren. Stellen Sie sich das Tor vor, das Sie bereits kennen. Sie gehen hindurch und befinden sich in einer wunderschönen Landschaft. Ein Weg führt durch diese Landschaft und Sie gehen diesen Weg entlang.*
- *Rufen Sie in Gedanken jenes innere Kind, das sich jetzt zeigen will. Es stromert zurzeit noch in Ihrer inneren Landschaft herum und fühlt sich verloren, weil es nicht weiß, dass es hier ein Zuhause hat, in das es nur einzuziehen braucht.*
- *Das Kind zeigt sich. Sagen Sie ihm: »Ich bin gekommen, um dich nach Hause zu bringen. Du hast hier ein Zuhause, weißt du das? Komm, wir gehen hin, dort bist du sicher und kannst*

spielen, lesen, malen und dich ausruhen. In deinem Zuhause gibt es alles, was du brauchst, um glücklich zu sein, denn es ist ja dein Zuhause.«

- *Das Kind geht mit Ihnen den Weg entlang. Dieser Weg ist magisch, denn er führt Sie immer genau in den Teil Ihrer inneren Landschaft, den Sie aufsuchen wollen. Und so führt er jetzt zu einem Gartenzaun mit einem Tor. Es ist ein niedriger oder hoher Zaun, so, wie das innere Kind es gerne hätte, damit es sich sicher fühlt. Ein Schild hängt am Tor. Darauf steht: »Hier wohnt das innere Kind, sei willkommen!« Sie öffnen das Tor und treten zusammen mit Ihrem inneren Kind in einen zauberhaften Garten. Hier gibt es alles, was das Kind glücklich macht. Auch seine Lieblingstiere finden wir hier. In dem Garten befindet sich eine Wohnstatt: ein Baumhaus, eine Hütte, eine Höhle – genau so, wie das innere Kind es haben will. Hier wohnt es, das ist sein Zuhause in Ihrer inneren Landschaft. Es fühlt sich augenblicklich wohl und geborgen, denn hier ist wirklich alles, was es sich wünscht und was es braucht, um zu spielen, sich zu entspannen, sich wohlzufühlen und Spaß zu haben.*
- *Sie schauen sich um und wissen, dass Ihr inneres Kind hier sicher und geborgen ist. Es ist in seinem Zuhause und belebt diesen Teil Ihrer inneren Landschaft von nun an mit seiner Freude und seiner Liebe. Durch seine Freude entstehen die wunderschönen Herzkarten, die Sie von nun an freigiebig verteilen können!*
- *Ein lichtvolles, sehr vertrauenerweckendes Wesen kommt auf Sie zu und sagt: »Ich hüte diesen Ort, damit das innere Kind nicht allein ist. Ich passe auf, dass ihm nichts passiert und dass es hier alles bekommt, was es braucht. Du kannst dich jetzt wieder um die anderen Bereiche deiner inneren Landschaft kümmern, ich bin hier zuständig.« Beruhigt verabschieden Sie sich von Ihrem inneren Kind und kommen durch Ihr Tor in den Raum zurück, in dem Sie sich befinden.*

Spüren Sie nach und schreiben Sie auf, was Sie auf Ihrer Reise erlebt haben. Das lichtvolle Wesen, das Sie auf Ihrer Reise kennengelernt haben, ist eine Kraft in Ihrem Inneren, die dem inneren Kind genau die Fürsorge geben kann und will, die es braucht.

Das innere Kind gehört, wie der Name schon sagt, nach innen. Es bleibt einfach zu Hause, während Sie als der Erwachsene, der Sie sind, arbeiten, sich um Ihre Kinder kümmern oder Ihre Eltern besuchen. Deshalb ist es sehr wichtig, das innere Kind morgens ganz bewusst nach Hause zu bringen, also in seinen eigenen Bereich in Ihrer inneren Landschaft. Das gilt für alle Dinge, die das innere Kind nicht mehr tun möchte, und auch für die Situationen, in denen es Angst hat. Bringen Sie vor einer solchen Begegnung oder einer solchen Situation das innere Kind einfach in seinen Bereich in Ihrer inneren Landschaft. Da kann es spielen und fühlt sich sicher.

POSITIVE SICHTWEISE

FÜR DAS INNERE KIND IST HERZ IMMER TRUMPF

Wie oft kritisieren wir uns, wenn es uns sowieso schon schlecht geht, weil uns etwas misslungen ist oder wir ein Ziel nicht erreicht haben?! Wissen Sie, wie man das nennt? Nachtreten. Und das ist eine sehr unfaire Spieltechnik. Im Fußball bekommt man dafür eine Rote Karte, und zwar eine ohne Herzchen. Warum machen wir das? Weil wir es als Kinder so erlebt haben. Hat etwas nicht geklappt, wurden wir kritisiert und beschämt statt getröstet und ermutigt, es noch einmal zu probieren. So haben wir gelernt, dass wir, wenn wir einen Fehler machen oder versagen, am Ende auch noch allein dastehen. Wir haben also zwei Probleme gleichzeitig: Wir erle-

Wenn in unserem Gehirn Versagen mit Einsamkeit verknüpft ist, hindert uns das daran, uns weiterzuentwickeln.

ben den schmerzhaften Misserfolg und werden zusätzlich emotional verlassen. Im Gehirn verknüpfte sich dadurch Versagen mit Einsamkeit, und das ist eine sehr ungünstige Kombination, wenn man sich weiterentwickeln will. Ist es also ein Wunder, dass wir uns nicht mehr trauen, etwas Neues auszuprobieren?

Damit wir mutig werden und unser Leben glücklich und erfüllt gestalten können, brauchen wir einen deutlich größeren Verhaltensspielraum, als wir ihn bis jetzt hatten. Einen Spielraum, in dem wir uns sicher und geborgen fühlen, Etwas haben wir schon gelernt: Das innere Kind gehört nach innen und darf in seinem idealen inneren Zuhause leben. Dort ist es sicher und geschützt. Wir wissen aber auch, dass dieses innere Kind, wenn wir emotionalen Stress erleben, sofort getriggert wird und sich gemeint fühlt. Es verlässt sein sicheres Zuhause und verirrt sich wieder in den weiten Bereichen unserer inneren Landschaft, weil es glaubt, es hätte versagt. Wenn wir nun mit Ärger und Wut auf uns selbst reagieren, wenn wir uns selbst niedermachen und uns damit selbst die spitzen Karokarten reichen, dann bekommt die Amygdala nur bestätigt, was sie sowieso schon weiß: Versagen oder auch nur vermeintliches Versagen ist gleich Einsamkeit und Beschämung.

Wir dürfen und müssen lernen, das für uns selbst zu tun, was wir als Kinder nicht erlebt haben: uns selbst gerade dann, wenn wir das Gefühl hatten, zu versagen, liebevoll trösten und ermutigen, statt in den Sumpf der Selbstbeschimpfung einzutauchen. Weil das Muster sehr tief sitzt, braucht es eine gewisse Zeit und große Aufmerksamkeit, damit wir das neue Verhalten automatisieren. Versagen und Einsamkeit sind fest miteinander verknüpft und auch gesellschaftlich werden wir meistens abgewertet, wenn wir scheitern. Daher sollten Sie die nachfolgende Übung ein paar Wochen lang täglich durchführen, damit sich neue Verknüpfungen im Gehirn bilden.

Mit dieser Übung tauchen Sie bewusst in unangenehme Gefühle ein, damit Sie der Amygdala, die nur über emotionale

Erfahrungen lernt, ein positives Gefühl in einer schmerzlichen Situation anbieten können.

ÜBUNG 16: TRÖSTEN UND ERMUTIGEN STATT BESCHIMPFEN UND BESCHÄMEN

- *Sorgen Sie dafür, dass Sie ungestört sind, und machen Sie es sich bequem. Lesen Sie die Schritte durch und folgen Sie dann der Anleitung. Wenn es Ihnen lieber ist, lassen Sie sich den Text vorlesen.*
- *Entspannen Sie sich. Es gibt für Sie nichts mehr zu tun, als hier zu sein und sich selbst zu spüren.*
- *Denken Sie an eine Situation, in der Sie das Gefühl des Scheiterns und der nachfolgenden Beschämung und Abwertung erlebten. Das kann eine Situation aus Ihrer Kindheit sein oder aus Ihrem Erwachsenenleben. Es ist unangenehm, und genau deshalb schauen wir jetzt liebevoll hin.*
- *Versetzen Sie sich in diese Situation hinein, in der Sie das Gefühl hatten, versagt zu haben, selbst wenn das objektiv nicht stimmte. Nehmen Sie diese Situation, so gut Sie können, mit allen Sinnen wahr: Wo sind Sie? Wie alt sind Sie? Was genau geschieht?*
- *Nehmen Sie bitte sich selbst als Kind oder Ihr inneres Kind in dieser Situation wahr. Egal, wie alt Sie in dieser Situation auch sein mögen, es ist Ihr inneres Kind, das sich bestraft fühlt und das Angst hat, verlassen zu werden. Irgendwo in dieser Szene finden Sie es. Schauen Sie jetzt auf sich selbst als Kind und fühlen Sie, was das Kind fühlt.*
- *Nun stellen Sie sich vor, dass Sie als der Mensch, der Sie heute sind, als der Erwachsene, mit in diese Situation hineingehen. Sie sind jetzt zweimal da, einmal als Kind oder inneres Kind und einmal als der Mensch, der Sie heute sind. Eventuell befinden sich sogar drei Versionen Ihrer selbst in der Szene: der Mensch, der die Situation erlebte, das innere Kind, das sie*

fühlte, und der Mensch, der Sie heute sind. Gehen Sie als der Mensch von heute zu Ihrem inneren Kind, so, als wären Sie wirklich da. Nehmen Sie es in den Arm und sagen Sie ihm: »Ich bin da. Du kannst nichts dafür. Ich halte dich. Du gehörst zu mir und bei mir bist du sicher.« Falls es Ihnen schwerfällt, stellen Sie sich vor, es wäre ein Kind, das Sie sehr lieben. Können Sie das nicht, dann greifen Sie zu einem emotionalen Trick und stellen sich vor, es wäre ein kleines Hündchen oder ein Kätzchen, das Ihre Hilfe braucht. Jetzt können Sie es.

- *Sagen Sie dem Menschen, der Ihr inneres Kind oder Sie als Kind beschämt hat: »Ich erlaube nie mehr, dass dieses Kind verletzt wird.« Sagen Sie es auch zu sich selbst, wenn Sie derjenige waren, der sich niedergemacht hat. Verlassen Sie jetzt mit dem inneren Kind an der Hand die Szene. Gehen Sie in Ihrer Vorstellung durch das Tor, das Sie in Ihre innere Landschaft führt, und bringen Sie das Kind in sein Zuhause, wie Sie es in der vorherigen Übung gelernt haben.*

Spüren Sie nach und schreiben Sie auf, was Sie auf Ihrer Reise erlebt haben.

Diese Übung ändert alles, richtig? Von nun an können Sie jederzeit dafür sorgen, dass sich Ihr inneres Kind sicher und geborgen fühlt. Sie können auch im Nachhinein in jeder Situation liebevoll und fürsorglich mit Ihrem inneren Kind umgehen. Sie brauchen nichts mehr zu vermeiden. Das innere Kind bleibt in seinem inneren Zuhause und der Erwachsene, der Sie sind, geht in die Welt und probiert Neues aus.

Nutzen Sie diese Übung vor allem, um scheinbar Vergangenes aufzuarbeiten: Sie bitten Ihr inneres Kind, Ihnen zu zeigen, in welcher Situation es noch feststeckt, weil es beschämt wurde, und holen es wie eben gelernt liebevoll nach Hause. Erleben Sie heute einen Misserfolg, dann gehen Sie zum inneren Kind und versichern Sie ihm, dass es nichts dafür kann. Es ist ein Kind, natürlich kann es nichts dafür. Es hat einen Grund, warum Kinder nicht strafmündig sind: Man kann sie nicht für die Folgen ihrer Handlungen verantwortlich machen. Sie dürfen und sollen in ihrem inneren Zuhause leben, damit Sie als Erwachsener voller Freude an Neuem Ihr Leben meistern können.

AUGENHÖHE

DAS INNERE KIND LÄSST SICH NICHT VERBIEGEN

Was müssen wir tun, um einem Kind auf Augenhöhe zu begegnen? Richtig, wir müssen in die Hocke gehen, denn das Kind kann sich nicht größer machen, als es ist. Heben wir es hoch, um mit ihm auf Augenhöhe zu sein, verliert es den Boden unter den Füßen. Wir müssen uns also auf das emotionale Niveau des Kindes begeben, wenn wir mit ihm kommunizieren wollen, statt von oben herab mit ihm zu reden und mehr von ihm zu erwarten, als es geben kann. Wir dürfen es nicht überfordern, sondern müssen erkennen und anerkennen, wozu es in der Lage ist und wozu nicht. Das ist eine große Herausforderung für uns, denn wir sind es gewohnt, als Kinder überfordert und gleichzeitig kleingehalten zu werden.

Um unserem inneren Kind zu geben, was es wirklich braucht, müssen wir einen großen inneren Schritt vollziehen. Wir müssen anerkennen, dass es in uns einen Anteil gibt, der etwas will und braucht, für das wir uns womöglich schämen. Gerade weil auf unsere Bedürfnisse nicht geachtet wurde, weil wir »hochgehoben« wurden, statt dass man sich zu uns herabbeugte, können wir kaum zugeben, dass wir manchmal Angst haben, Liebe und Zuneigung brauchen oder, auch das gehört dazu, wilder und ungestümer sind, als es anderen gefällt. Wir haben gelernt, diese Bedürfnisse sogar vor uns selbst zu verbergen, doch deshalb sind sie nicht weg. »Stell dich nicht so an«, haben wir gehört, wenn wir unsere Angst zeigten. »Sollen wir uns für dich schämen?«, »Du machst deine Mutter/deinen Vater krank«, oder der Klassiker: »Du bist nicht gut genug.« All dies waren und sind die Sätze, mit denen wir uns heute noch geißeln. Wir reichen uns selbst vergiftete Karokarten statt Herzen und glauben auch noch, wir hätten es nicht anders verdient. Es braucht also ein echtes grundlegendes Umdenken.

Ein Umdenken von Grund auf ist nötig, um zu erkennen, dass Sie ein strahlendes, liebenswertes Wesen sind.

In Übung 16 wurde es bereits angedeutet: Wie wäre es, wenn das innere Kind ein Kind wäre, das wir wirklich liebten? Viele Menschen können sich, eben weil sie so sehr beschämt wurden, nicht vorstellen, dass dieses innere Kind liebenswert ist. Sie haben die frühere Abwertung so verinnerlicht, dass sie aggressiv werden, wenn sie diesem inneren Anteil begegnen. Sie vollziehen die Übungen zwar mechanisch, weil sie meinen, sie müssten das tun, doch die Liebe zum inneren Kind fühlen sie nicht. Wenn Sie sich darin wiedererkennen, dann hilft Ihnen die nachfolgende Übung.

Wir sind in einem sehr wichtigen Bereich des schweren Rucksacks angekommen: im emotionalen Widerstand, da, wo es richtig wehtut. Sie haben mein volles Mitgefühl. Aber bleiben Sie da, gehen Sie nicht weg. Das ist lebensverändernd. Gerade weil Sie selbst glauben, Sie wären mit all dem, was Sie wollen und brauchen, anstrengend und nicht liebenswert, ist es so immens wichtig, dass Sie erkennen: Ihre Eltern haben sich geirrt. Sie lagen falsch. Sie, liebe Leserin, lieber Leser, sind ein bezauberndes, lebendiges und strahlendes Wesen, ob es Ihnen bewusst ist oder nicht. Gehen wir ruhig so weit, zu sagen: Gerade weil Sie so zauberhaft sind, konnten Ihre Eltern dieses Strahlen nicht ertragen. Ihre Eltern haben ihr eigenes Strahlen gründlich verlernt und konnten es deshalb bei Ihnen nicht aushalten.

Machen Sie die folgende Übung bitte in jedem Fall, auch wenn Sie Ihr inneres Kind bereits mögen oder lieben. Es geht immer noch besser.

ÜBUNG 17: DIE LIEBE FÜR DAS INNERE KIND SPÜREN

- *Sorgen Sie dafür, dass Sie ungestört sind, und machen Sie es sich bequem. Lesen Sie die Schritte durch und folgen Sie dann der inneren Reise. Oder lassen Sie sich die Reise vorlesen.*
- *Entspannen Sie sich. Es gibt für Sie nichts mehr zu tun, als hier zu sein und sich selbst zu spüren. Stellen Sie sich das Tor vor, das Sie bereits kennen. Sie gehen hindurch und befinden sich in einer wunderschönen Landschaft.*
- *Machen Sie sich klar: Alle Anteile, denen Sie hier begegnen könnten, sind schon da und bestimmen bereits Ihr Leben. Je weniger Sie mit ihnen zu tun haben wollen, desto mehr bestimmen sie Ihr Leben aus der dunklen, vermeidenden Position heraus. Mit diesem Wissen gehen Sie den Weg entlang.*
- *An einer besonders markanten oder schönen Stelle Ihrer inneren Landschaft setzen Sie sich hin. Rufen Sie in Gedanken oder laut, wenn Sie mögen, jenes innere Kind, das Sie am wenigsten mögen und am meisten verleugnen. Erlauben Sie sich, dieses Kind nicht zu mögen. Je ehrlicher Sie sind, desto mehr Heilung geschieht. Weil das von Ihnen ungeliebte innere Kind weiß, dass Sie heil werden wollen, zeigt es sich.*
- *Jetzt zeigt sich jenes innere Kind, mit dem Sie nichts zu tun haben wollen. Warum das so ist, dafür gibt es viele Gründe: Es will etwas oder will etwas nicht, das Sie wirklich in Schwierigkeiten bringen könnte; Sie schämen sich für seine Bedürfnisse … Freuen Sie sich. Es ist großartig und sehr mutig, dass dieses ungeliebte innere Kind sich zeigt.*
- *Was fühlen Sie in Bezug auf dieses innere Kind? Seien Sie ehrlich. Fühlen Sie die Abwehr, den Schmerz, die Wut, die Scham. Fühlen Sie, wie gern Sie es wegschicken wollen. Fühlen Sie auch, ob Sie es nicht sehr lieben, weil es ganz besonders echt ist und Ihren Wesenskern enthält. Seine Bedürfnisse sind gesund und sorgen für Ihre Lebendigkeit. Sagen Sie zu dem Kind: »Ich sehe dich, ich höre dich, ich nehme dich wahr.« Das können Sie*

sagen, denn das stimmt ja. Bleiben Sie in Gedanken so lange sitzen und schauen auf das Kind, bis Sie alle abwehrenden Gefühle gefühlt haben. Es ist sehr gut möglich, dass sich die Gefühle nach und nach wandeln und dass aus Abwehr Mitgefühl wird.

- *Wenn Sie spüren, dass Sie dem Kind gegenüber weicher und liebevoller werden, nehmen Sie das Kind in den Arm und sagen ihm, dass Sie jetzt für es da sind. Bringen Sie es in sein inneres Zuhause, wie Sie es bereits gelernt haben.*
- *Ändern sich Ihre Gefühle nicht, dann ist es auch gut. Sie haben sich selbst gespürt und können sicher sein, dass es in Ihnen arbeitet. Danken Sie dem Kind dafür, dass es sich gezeigt hat, und gehen Sie durch Ihr Tor zurück in den Raum, in dem Sie sich befinden.*

Spüren Sie nach und schreiben Sie auf, was Sie auf Ihrer Reise erlebt haben. Wenn Sie diesem inneren Kind nach wie vor ablehnend gegenüberstehen, dann wiederholen Sie die Übung täglich. Ihre Gefühle werden sich ändern, wenn Sie ihnen ganz ehrlich erlauben, unzensiert da zu sein. Je mehr Sie sich erlauben, wirklich alles zu fühlen, was dieses innere Kind in Ihnen auslöst, statt sofort mit giftigen Karokarten zu reagieren, desto rascher werden Sie diesen inneren Anteil als einen Ihrer wichtigsten Quellen für Echtheit, Lebendigkeit und Freude erleben. Sich selbst zu lieben, ist ein natürlicher Zustand, denn das Leben liebt sich selbst und ist an sich interessiert.

SELBSTVERANTWORTUNG

JEDER IST (NUR) FÜR SEINE EIGENEN INNEREN KINDER ZUSTÄNDIG

Weiter vorne haben wir schon darüber gesprochen, dass wir die Verantwortung für bedürftige Anteile anderer übernehmen. Erinnern Sie sich? Auf Seite 137 stand: »Wir dürfen annehmen, dass sich bedürftige innere Kinder der Mutter unbewusst an Jan klammern und von ihm gesehen werden wollen.« Und in Übung 2 hieß es: »Nehmen Sie sich noch einmal jedes Stück Ihrer Torte vor und überlegen Sie, ob es Ihr eigener Kuchen ist oder ob Sie, zumindest teilweise, ein Stück Kuchen von jemand anders zu sich nehmen!«

Beide Metaphern stehen für das Gleiche: Sie haben Verantwortung für bedürftige Anteile anderer übernommen. Wenn wir das ganz bewusst als Erwachsene tun, weil wir für jemanden sorgen wollen oder müssen, ob beruflich oder privat, dann ist das völlig in Ordnung. Wenn wir aber unbewusst als Kinder die Bedürfnisse der Großen erfüllen mussten, dann ist es toxisch und wir tun das auch weiterhin, selbst wenn wir erwachsen sind. Es gibt ein paar Anzeichen dafür, die uns vermuten lassen, dass wir, symbolisch gesprochen, die Torte anderer essen oder die inneren Kinder anderer hüten: Wir fühlen uns über Gebühr verantwortlich; wir bekommen Schuldgefühle, wenn wir Nein sagen wollen; wir spüren eine unerklärliche Sehnsucht, wenn wir uns nicht melden.

Sie dürfen die Verantwortung für »fremde« innere Kinder zurückgeben.

Vergleichen wir die Fürsorge für fremde innere Kinder einmal mit einer alltäglichen Situation: Sie treffen in einem Kaufhaus auf ein Kind, das seine Eltern sucht. Es weint und ruft nach der Mutter/dem Vater. Sie trösten das Kind. Sie rufen die Kaufhausaufsicht. Sie lassen die Eltern ausrufen und warten, bis diese kommen, oder überlassen das Kind der Kaufhausaufsicht, die sich mit einer solchen Situation auskennt. Sie nehmen das Kind ganz bestimmt nicht mit nach Hause, oder? Genauso verhalten wir uns, wenn wir die Verantwortung für die kindlichen Bedürfnisse anderer Menschen übernommen haben. Wir fühlen die Gefühle dieser »fremden« inneren Kinder, wir haben deren Bedürfnisse und versuchen unbewusst, für diese inneren Kinder zu sorgen, statt unseren eigenen Bedürfnissen und Impulsen frei und selbstbestimmt Ausdruck zu verleihen.

In der folgenden Übung geben wir den »Eltern« dieser inneren Kinder ihre Anteile zurück. Wenn sie diese nicht zurücknehmen wollen, dann gibt es einen wunderbaren Trick: Wir erschaffen einen geistigen Kinderhort. Wir stellen uns vor, dass es gute Kräfte gibt, zum Beispiel Schutzengel oder andere spirituelle Kräfte, die sich der verlorenen inneren Kinder anderer annehmen. Kinder glauben an spirituelle Kräfte, selbst dann, wenn Sie, der Erwachsene, es nicht tun, deshalb funktioniert das überraschend gut.

Es kann gleichermaßen gut sein, dass sich eigene emotional bedürftige innere Kinder, die sich bei Ihnen bislang nicht gut behütet fühlten, bei anderen Menschen aufhalten und dort vergeblich um Liebe und Anerkennung ringen. Diese inneren Kinder holen wir zu Ihnen zurück, denn bei Ihnen haben sie ihr Zuhause.

Lesen Sie die Übung bitte zunächst neutral durch, damit Sie mit möglicherweise bislang ungewohnten Sichtweisen vertraut werden. In der inneren Welt ist alles möglich.

ÜBUNG 18: »FREMDE« INNERE KINDER IN SICHERHEIT BRINGEN

- *Sorgen Sie dafür, dass Sie ungestört sind, und machen Sie es sich bequem. Lesen Sie die Schritte durch und folgen Sie dann der inneren Reise. Oder lassen Sie sich die Reise vorlesen.*
- *Entspannen Sie sich. Es gibt für Sie nichts mehr zu tun, als hier zu sein und sich selbst zu spüren. Stellen Sie sich das Tor vor, das Sie bereits kennen. Sie gehen hindurch und befinden sich in einer wunderschönen Landschaft. Suchen Sie sich einen gemütlichen Platz.*
- *Rufen Sie in Gedanken alle inneren Kinder, die nicht zu Ihnen gehören, zu sich. Das können sehr viele sein, vielleicht ist es auch nur ein einziges. Die inneren Kinder, die nicht zu Ihnen gehören, zeigen sich nun. Rufen Sie in Gedanken all die Menschen, deren innere Kinder bei Ihnen sind, auch wenn*

Sie nicht wissen, wer das sein könnte: »Ich rufe all die, deren innere Kinder bei mir sind.« Es ist möglich, dass Sie innere Kinder von bereits verstorbenen Menschen hüten, zum Beispiel die Ihrer Eltern. Achten Sie auch auf innere Kinder Ihrer Kunden, Arbeitskollegen oder Patienten.

- *Sagen Sie den inneren Kindern: »Ich bin nicht eure Mutter/euer Vater. Ich kann euch nicht geben, was ihr braucht.« Bitten Sie die Menschen, zu denen die inneren Kinder gehören, in Gedanken: »Nehmt eure inneren Kinder zu euch zurück. Sie bekommen bei mir nicht, was sie brauchen.« Einige der Kinder gehen nun zu ihrem Menschen, andere vermutlich nicht. Das darf alles so sein, wie es ist. Jetzt rufen Sie die Kräfte für die übrig gebliebenen inneren Kinder: »Ich rufe die Kräfte, die für diese inneren Kinder zuständig sind. Kommt und nehmt sie zu euch, bei euch sind sie zu Hause.«*
- *Nehmen Sie die Lichtkräfte wahr, die jetzt kommen, um sich der verlorenen inneren Kinder anzunehmen. Machen Sie sich bereit, die fremden inneren Kinder loszulassen und sie in die Obhut der Lichtkräfte zu übergeben. Sie werden von den Lichtkräften in ihre jeweilige emotionale und spirituelle Heimat gebracht. Sie spüren Erleichterung, womöglich auch Abschiedsschmerz.*
- *Rufen Sie nun Ihre eigenen inneren Kinder zu sich zurück. Sagen Sie in Gedanken: »Wo immer ihr auch seid, ihr gehört zu mir und ich bin bereit für euch. Kommt nach Hause.« Es kann sein, dass Sie erkennen, wo sich Ihr inneres Kind befindet und um Liebe kämpft. Gehen Sie in Gedanken zu diesem inneren Kind, nehmen Sie es in den Arm oder an die Hand und sagen Sie ihm: »Dieser Mensch hat nicht, was du brauchst. Du gehörst zu mir und ich bin von nun an für dich da.«*
- *Bringen Sie die inneren Kinder nun, wie in Übung 15 beschrieben, in ihr Zuhause in Ihrer inneren Landschaft. Danach kommen Sie durch Ihr Tor zurück in den Raum, in dem Sie sich befinden.*

Spüren Sie nach und schreiben Sie auf, was Sie auf Ihrer Reise erlebt haben.

Diese Übung sorgt für innere Ordnung, auch wenn die Sichtweise ungewohnt sein mag. Führen Sie auch diese Übung öfter durch, so wie eine emotionale Hygienemaßnahme. Wir nehmen rasch die inneren Kinder anderer auf, besonders, wenn wir empathisch sind. Auch unsere eigenen inneren Kinder suchen sich reflexartig neue Versorger, weil sie es bislang nicht anders gewohnt waren. Das, was Sie in Ihrer Kindheit nicht bekamen, suchen Sie auch heute noch bei anderen Menschen. Das, woran Sie in Ihrer Kindheit scheiterten, wollen Sie auch heute noch bei anderen Menschen erreichen. Deshalb schwärmten die inneren Kinder aus, um ihre vermeintlichen Aufgaben doch noch zu erledigen und um doch noch zu bekommen, was ihnen fehlte. Je bewusster Sie selbst für sich da sind, desto schneller lernen Ihre inneren Kinder, dass sie jetzt wirklich ein inneres Zuhause haben und nicht mehr in alle Winde zerstreut werden.

Sie haben Ihren schweren Kindheitsrucksack ausgeleert, Sie haben gelernt, sich selbst liebevoll zu behandeln und die Fürsorge für sich und Ihr inneres Kind zu übernehmen. Im nächsten Kapitel finden Sie bereits bekannte und neue wirkungsvolle Rituale, die Ihnen helfen, im Alltag leicht zu bleiben und sich selbst und anderen die gütigen Herzkarten weiterzureichen.

Zum Schluss – der leichte Rucksack

Immer wieder begegnen wir im Alltag Menschen, die uns an unsere alten Wunden erinnern und uns deshalb triggern können. Das können wir nicht vermeiden, doch von nun an reagieren wir anders. Damit Sie leicht bleiben können und sich nicht, nur weil Sie es so gewohnt sind, neue schwere Steine aufladen, dürfen und sollten Sie zusätzlich zu dem, was Sie bereits gelernt haben, die fünf nachfolgenden Werkzeuge nutzen. Vielleicht kennen Sie sie schon aus anderen Büchern, das macht nichts. Es gibt einen Trick für jedes Werkzeug, egal, wie vertraut es Ihnen sein mag: Nutzen Sie es!

1. WERKZEUG: DIE GOLDENE ACHT

Anwendung: bei jedem Kontakt

Stellen Sie sich vor, Sie und Ihr Gesprächspartner stehen in einer goldenen Acht. Jeder befindet sich in seiner Schlaufe, in der Mitte liegt das Kreuz. Sie können einander ansehen, Sie hören sich, doch Ihre Energien bleiben fein säuberlich voneinander getrennt. Auch die inneren Kinder bleiben in ihren jeweiligen Schlaufen: Ihre bei Ihnen, die des Gegenübers bei ihm. Nach Beendigung des Gesprächs, ob per Telefon, Video oder direkt, lösen Sie die Acht wieder auf.

2. WERKZEUG: EMOTIONALE ENERGIETRENNUNG

Anwendung: nach jedem emotional berührenden Kontakt, ob positiv oder negativ; abends zur emotionalen Hygiene

Stellen Sie sich vor, Sie sind mit der Person, von der Sie sich energetisch trennen wollen, durch emotionale Bänder verbunden. Die lichtvollen Bänder der Liebe sind untrennbar, doch die dunklen Bänder der unbewussten Projektionen können und sollten wir immer wieder trennen. Wir können nicht verhindern, dass sie entstehen, doch wir dürfen dafür sorgen, dass sie sich nicht verfestigen. Dafür schneiden Sie die dunklen Bänder in Gedanken einfach durch! Wie oft? So oft wie nötig.

Werkzeuge sind dafür da, genutzt zu werden!

3. WERKZEUG: HALTEN SIE SICH FERN

Anwendung: möglichst immer

Toxische Beziehungsmuster sind wie eine emotionale Sucht. So kann es leicht passieren, dass wir, auch wenn wir noch so achtsam sind, doch immer wieder die gleichen Erfahrungen anziehen. Wenn Sie in einer Beziehung ein ungutes Gefühl haben, halten Sie sich lieber fern. Versuchen Sie nicht wie bisher, dem anderen Anerkennung und Liebe abzutrotzen. Liebe bekommt man geschenkt, sonst ist es keine Liebe. Wenn Ihnen jemand etwas anderes als Herzkarten reicht, überlegen Sie es sich bitte dreimal, ob Sie die Beziehung wirklich weiterführen möchten.

4. WERKZEUG: NEIN SAGEN

Anwendung: nach Bedarf
Es erscheint uns nahezu unmöglich, freundlich und sanft Nein zu sagen. Doch jedes authentische Nein ist ein Ja zu uns selbst. Stellen Sie sich vor, Sie reichen dem anderen sinnbildlich eine geöffnete, wundervolle Seerose, wenn Sie Nein sagen wollen. Das Nein der Seerose ist, im Gegensatz zu den schmerzhaften Stacheln der Rose, die Wachsschicht, an der ohne jede Zurückweisung einfach alles abperlt, was sie nicht haben möchte und was nicht zu ihr passt. Haben Sie den Mut, die Seerose weiterzureichen, statt zähneknirschend Ja zu sagen. Und Ihr inneres Kind sollte, wann immer Sie Nein sagen wollen, unbedingt »in seinem Zimmer« in Ihrem Inneren sein! Bringen Sie es vorher bewusst in sein Zuhause. Es hat nichts mit dem Nein zu tun.

5. WERKZEUG: AKTIVIEREN SIE DEN INNEREN ERWACHSENEN

Anwendung: immer, wenn Sie Verantwortung zu tragen haben oder tragen wollen
Sie haben es in einigen Übungen bereits erlebt: Der innere Erwachsene kann Ihr Leben meistern. Er weiß, was zu tun ist, er kann es umsetzen und er bleibt gelassen. Nutzen Sie die Übung 3 und setzen sich bewusst auf den Platz des inneren Erwachsenen, wenn Sie Entscheidungen zu treffen haben, schwierige Gespräche führen wollen und auch, wenn Sie Ihre Eltern besuchen, damit sich das innere, bedürftige Kind nicht wieder in den Vordergrund drängelt und die Eltern um Liebe anbettelt. Das, was sie Ihnen bis heute nicht gegeben haben, werden sie Ihnen nicht mehr geben, so leid es mir tut, das sagen zu müssen. Nutzen Sie die Frage »Was möchtest du, das ich für dich tue?«, wenn Sie sich gedrängt fühlen, vorauseilend für jemanden zu

sorgen. Lassen Sie die Verantwortung für das Wohlergehen eines anderen bei ihm. Je öfter Sie das üben, desto selbstverständlicher wird es und desto leichter fällt es Ihnen.

DAS GLÜCKLICHE INNERE KIND

Sie haben bereits viel gelernt. Sie wissen, wie Sie Ihr inneres Kind retten, wie Sie ihm zuhören, wie Sie ihm helfen, seine eigenen Lasten und die anderer loszulassen, und wie Sie ihm sein Zuhause in Ihrer inneren Landschaft zuweisen. Jetzt lebt Ihr inneres Kind sicher und geborgen in Ihrem Inneren. Doch Sie können noch mehr tun: Sie können Ihr inneres Kind und damit natürlich auch sich selbst wirklich glücklich machen.

Ihnen ist nun klar, dass das innere Kind sein ideales Zuhause in Ihrer inneren Landschaft hat. Es spielt dort, entspannt sich und belebt Ihre Innenwelt mit seiner Freude, seiner Lebendigkeit, seiner Echtheit und seiner Fantasie. Man könnte sich nun fragen, ob man das innere Kind auch mal »herauslassen« kann oder ob es immer innen bleiben sollte. Und tatsächlich sprechen das auch viele Klienten in der Praxis an. Es schwingt die Frage mit, ob das innere Kind für immer im Inneren eingesperrt bleiben muss.

Sie wissen, dass das innere Kind ein Gehirnteil ist, der ständig emotionale Impulse sendet. Von »Eingesperrtsein« ist also keine Rede. Im Gegenteil: Gerade weil das innere Kind seinen richtigen Platz im Inneren gefunden hat, ist es frei. Es muss nicht mehr funktionieren und so tun, als sei es nicht berührbar und verletzlich, sondern es darf sich voll entfalten. Wir fragen ja auch nicht, ob zum Beispiel die Leber immer in uns bleiben muss … Gleichzeitig können wir auch im Außen viele Dinge tun, die das innere Kind glücklich machen. Wir können es fragen, was es gerne physisch erleben will, zum Beispiel schaukeln, reiten lernen, ein Tier halten, leckeres Eis essen, singen und malen. Eine Klientin von mir hat zum Beispiel ein Pferd und reitet sehr gerne und sehr gut. Doch wenn ihr inneres Kind reiten will, dann setzt sie sich ohne Sattel auf ihr Pferd und lässt sich von jemand anderem führen. So kann sie sich ganz frei von Verantwortung einfach tragen lassen. »Kinderreiten« nennt sie das und man sieht in ihrem Gesicht, wie das innere Kind leuchtet und strahlt.

Sie können im Außen viel dafür tun, dass Ihr inneres Kind glücklich ist.

Wollen Sie aktive (im Gegensatz zu meditativer) Zeit mit Ihrem inneren Kind verbringen, dann schaffen Sie sich Freiräume, in denen Sie keine Verantwortung für andere tragen und in denen Sie sich in emotionaler Hinsicht sicher fühlen. Stellen Sie sich vor, Ihr inneres Kind ist bei Ihnen. Sie passen auf das Kind auf, doch es darf tun, was es tun möchte, und dazu den Körper nutzen: Sie schaukeln zum Beispiel also nicht nur in Gedanken, sondern erlauben dem Kind, wirklich zu schaukeln. Sie stellen sich nicht nur vor, Sie hätten einen Hund, sondern machen es möglich, indem Sie sich wirklich einen Hund anschaffen, falls es machbar ist, oder vielleicht mit einem Tierheimhund regelmäßig Gassi gehen. Es lohnt sich, ein wenig Arbeit in Kauf zu nehmen, wenn wir dadurch unser inneres Kind glücklich machen.

Je freier Sie innerlich werden, desto offener können Sie den Impulsen des inneren Kindes begegnen und ihm erlauben, Ihren Alltag zu verzaubern. Denken Sie daran: Das innere Kind sorgt in Ihrem Inneren für Lebensfreude, für Leichtigkeit, für die roten Herzkarten. Je glücklicher es ist und je mehr es auch im Außen von dem bekommt, was es sich wünscht, desto glücklicher sind Sie insgesamt. Es gibt keinen vernünftigen Grund, dem inneren Kind nicht endlich den Teddy, den Ball oder den Schaufelbagger zu kaufen, den Sie sich wünschen, seit Sie fünf Jahre alt sind. Nicht nur in Gedanken, sondern ganz real, zum Anfassen. Sie werden überrascht sein, wie glücklich es Sie machen wird, wenn Sie Ihr inneres Kind ernst nehmen und ihm geben, was es sich

wünscht: Liebe, Sicherheit und manchmal auch ein Eis – vorausgesetzt, das Eis soll nicht Liebe, Fürsorge und Sicherheit ersetzen.
Sie tragen nun statt dem schweren Kindheitsrucksack einen leichten, hübschen Beutel mit funktionierenden Werkzeugen und vielen Herzkarten mit sich. Sie haben die Informationen, die Sie brauchen, um dafür zu sorgen, dass Sie in dieser Leichtigkeit bleiben. Nutzen Sie sie. Dazu gehört auch: Suchen Sie sich professionelle Hilfe, wenn Sie nicht klarkommen.

Im Alltag passierte es leicht, dass man vergisst, sich um das innere Kind zu kümmern. Das macht nichts. Wenden Sie sich einfach wieder nach innen, bitten Sie das innere Kind um Vergebung und führen Sie die Beziehung mit ihm weiter. Es verzeiht Ihnen alles, da können Sie sicher sein. Es ist ja ein Teil von Ihnen und kennt Sie.

Ich hoffe von ganzem Herzen, dass ich mit diesem Buch dazu beitragen konnte, dass Sie statt eines einsamen, verlorenen inneren Kindes nun ein glückliches, geborgenes Kind in sich beherbergen, das ein wundervolles Zuhause hat und Sie mit seiner Freude nachhaltig bereichert.

Danke, dass ich diesen Weg begleiten durfte.

Ihre Susanne Hühn

BUCHEMPFEHLUNGEN

Bücher von Susanne Hühn

Der innere Erwachsene. Schirner

Die Heilung des inneren Kindes. Schirner

Ich lasse deines bei dir. Schirner

Jede Wunde lässt sich heilen. Gräfe und Unzer

Süchte verstehen und endlich loslassen. Schirner

Und wo bleib ich? Schirner

CDs von Susanne Hühn

Dein inneres Kind. Schirner

Der innere Erwachsene. Schirner

Weitere Bücher

Bunz-Schlösser, Gabriela: *Hand in Hand mit dem inneren Kind.* mvg

Charf, Dami: *Auch alte Wunden können heilen.* Kösel

Dahm, Ulrike: *Mit der Kindheit Frieden schließen.* Schirner

König, Verena: *Bin ich traumatisiert?* Gräfe und Unzer

Limmer, Stefan: *Toxische Beziehungen schamanisch heilen.* Gräfe und Unzer

Schmoll, Julia Marie: *Die Maschen der Narzissten.* Gräfe und Unzer

Tomuschat, Julia: *Finde die Liebe, die dir als Kind gefehlt hat.* Gräfe und Unzer

Die Autorin

Susanne Hühn ist staatlich anerkannte Physiotherapeutin, Seminarleiterin und Autorin. Ihr Schwerpunkt ist das Lehren emotionaler Intelligenz und innerer Freiheit mithilfe einer liebevollen, beschützenden Beziehung des Erwachsenen zum eigenen inneren Kind. Sie lehrt, wie man zum wahrhaft liebenden, freien und selbstbestimmten Menschen wird. Bewusst angewandtes, aktives Selbstmitgefühl bildet das wichtigste Element ihrer Methode, über die sie zahlreiche Bücher und Meditationen verfasst hat. Viele Kliniken arbeiten mit ihren Büchern und empfehlen sie ihren Patienten weiter.

susannehuehn.de

LIEBE LESERINNEN UND LESER,

wir wollen Ihnen mit diesem Buch Informationen und Anregungen geben, um Ihnen das Leben zu erleichtern oder Sie zu inspirieren, Neues auszuprobieren. Wir achten bei der Erstellung unserer Bücher auf Aktualität und stellen höchste Ansprüche an Inhalt und Gestaltung. Alle Anleitungen und Rezepte werden von unseren Autoren, jeweils Experten auf ihren Gebieten, gewissenhaft erstellt und von unseren Redakteur*innen mit größter Sorgfalt ausgewählt und geprüft.

Haben wir Ihre Erwartungen erfüllt? Sind Sie mit diesem Buch und seinen Inhalten zufrieden? Wir freuen uns auf Ihre Rückmeldung. Und wir freuen uns, wenn Sie diesen Titel weiterempfehlen, in Ihrem Freundeskreis oder bei Ihrem Online-Kauf.

Sollten wir Ihre Erwartungen so gar nicht erfüllt haben, tauschen wir Ihnen Ihr Buch jederzeit gegen ein gleichwertiges zum gleichen oder ähnlichen Thema um.

KONTAKT ZUM LESERSERVICE

GRÄFE UND UNZER VERLAG
Grillparzerstraße 12
81675 München
www.gu.de

GRÄFE UND UNZER

Ein Unternehmen der GANSKE VERLAGSGRUPPE

IMPRESSUM

Postfach 860366,
81630 München

GU ist eine eingetragene Marke der GRÄFE UND UNZER VERLAG GmbH, www.gu.de

ISBN 978-3-8338-7971-5
1. Auflage 2022

Projektleitung:
Nikola Teusianu
Lektorat:
Annette Gillich-Beltz
Bildredaktion:
Simone Hoffmann
Umschlaggestaltung und Layout: ki36 Editorial Design, Sabine Krohberger
Herstellung: Markus Plötz
Satz: Uhl + Massopust, Aalen
Reproduktion:
Repro Ludwig
Druck und Bindung:
Livonia, Riga

Umwelthinweis:

Nachhaltigkeit ist uns sehr wichtig. Der Rohstoff Papier ist in der Buchproduktion hierfür von entscheidender Bedeutung. Daher ist dieses Buch auf PEFC-zertifiziertem Papier gedruckt. PEFC garantiert, dass ökologische, soziale und ökonomische Aspekte in der Verarbeitungskette unabhängig überwacht werden und lückenlos nachvollziehbar sind.

Bildnachweis:

Cover: Stocksy
Illustrationen:
Claudia Klein
Autorenfoto (Umschlag):
Andrea Kowitz Vierheller

Syndication:
www.seasons.agency

Wichtiger Hinweis

Die Gedanken, Methoden und Anregungen in diesem Buch stellen die Meinung bzw. Erfahrung der Verfasserin dar. Sie wurden von der Autorin nach bestem Wissen erstellt und mit größtmöglicher Sorgfalt geprüft. Sie bieten jedoch keinen Ersatz für persönlichen kompetenten medizinischen Rat. Jede Leserin, jeder Leser ist für das eigene Tun und Lassen auch weiterhin selbst verantwortlich. Weder Autorin noch Verlag können für eventuelle Nachteile oder Schäden, die aus den im Buch gegebenen praktischen Hinweisen resultieren, eine Haftung übernehmen.